RECURSOS DIDÁCTICOS

Aprendo a escribir 3

Exponer y argumentar

Técnicas de estudios y comentario crítico

Guillermo Hernández
Clara Rellán

SGEL

SOCIEDAD GENERAL ESPAÑOLA DE LIBRERÍA, S. A.

Primera edición en 1999
Segunda edición en el 2001

Produce: SGEL-Educación
Avda. Valdelaparra, 29
28108 ALCOBENDAS - MADRID

Agradecemos, muy sinceramente, la generosidad de todos los que han cedido sus textos para reproducir en esta obra didáctica, a saber:

El mundo de Sofía, Jostein Gaarder y **El diablo de los números,** de Hans Magnus Enzensberger, ED. SIRUELA; **Citas. La familia,** MUY INTERESANTE; **El libro** y **Libertad de prensa,** de Antonio Gala, DIARIO EL MUNDO; **Matemáticas recreativas,** ED. MARTÍNEZ ROCA, S. A.; **Introducción a la ciencia,** de Isaac Asimow, ED. PLAZA Y JANÉS; **El valor de educar,** de Fernando Savater, ED. ARIEL; **Querida Mathilda,** de Susana Tamaro, ED. SEIX BARRAL; **Cefaleas y jaquecas,** de Esteban García Albea, DIARIO LA RAZÓN; **La Expo de la ecología,** DIARIO EL MUNDO; **Tres sombreros de copa,** de Miguel Mihura, ED. CÁTEDRA; **Rosana en concierto,** Revista CANAL+; DIARIO EL PAÍS; **El Aleph,** Jorge Luis Borges; **Viñeta Maddalena Sisto,** VOGUE e **Historia de Quino,** QUIPOS S. R. L.

Igualmente, queremos dar las gracias a todos aquellos autores de los que, aunque no aparezcan citados arriba, hemos reproducido pequeñas citas de sus obras.

ISBN: 84-7143-770-8
Depósito legal: M. 7.475-2001
Printed in Spain - Impreso en España

Ilustraciones: Luis Carrascón
Cubierta: Carla Esteban
Maqueta: Susana Martínez

Preimpresión: MonoComp, S. A.
Imprime: EDIGRAFOS, S. A.
Encuaderna: Rústica Hilo, S. L.

Contenido

Recomendaciones para trabajar este manual

Las personas, cuando hablamos o escribimos, empleamos diferentes formas del discurso: narración, descripción, exposición y argumentación, y con frecuencia de manera interrelacionada. En este cuaderno vas a trabajar textos expositivos, argumentativos y expositivo-argumentativos; ésta es la razón de que lo titulemos EXPONER y ARGUMENTAR.

La adquisición de conocimientos y la valoración personal de hechos e ideas, tanto en el ámbito escolar como en la vida adulta, se realiza mediante textos expositivos y argumentativos. Por eso, junto al análisis y redacción de textos expositivos se trabajan las técnicas de trabajo intelectual, y, al mismo tiempo que se analizan y redactan textos argumentativos, se proponen pautas para realizar una valoración crítica personal de las ideas expuestas por el autor.

Exposición y técnicas de estudio

De manera paralela al estudio de los distintos aspectos del texto expositivo —situación comunicativa, determinación del tema y de la vertebración de las ideas— en la doble vertiente de interpretación y redacción, vas a trabajar las distintas técnicas de trabajo intelectual para conseguir un buen método de estudio, que te garantice el éxito escolar, tanto en la Educación Secundaria como en la Universidad.

Observa en el cuadro siguiente las técnicas de estudio que vas a trabajar.

Interpretación y redacción de textos expositivos	Técnicas de estudio
• La organización del discurso expositivo. • La exposición en forma deductiva. • La exposición en forma inductiva. • Organización de encuadre. • Organización en paralelo.	• *El subrayado para determinar la organización del contenido.* • *El resumen.* • *Tomar apuntes.* • *Determinar el tema del texto y redactar un título.* • *Esquemas y diagramas.*

Al final de este apartado se propone, como taller, una metodología para realizar un trabajo de investigación, de empleo frecuente en el ámbito escolar.

Argumentación y comentario crítico

La madurez intelectual y humana de las personas se mide mediante la capacidad de enfrentarse a un texto de carácter argumentativo, como los artículos periodísticos, los ensayos o los anuncios publicitarios, para aceptar, matizar o rechazar con argumentos propios las ideas expuestas por el autor. Tal enfrentamiento supone dos aspectos: la total comprensión del mensaje y la capacidad crítica para valorarlo de una manera personal. De este modo, el ciudadano del nuevo milenio podrá llegar a ser un ciudadano responsable, que evite las manipulaciones que intentan los poderosos medios de comunicación.

Como colofón de este apartado, te proponemos un taller sobre la metodología del comentario crítico, que te van a exigir en las Pruebas de Acceso a la Universidad.

Sesiones de trabajo y metodología

El trabajo sobre textos expositivos y argumentativos supone esfuerzo, reflexión y aplicación de unas técnicas de trabajo que debes dominar. Por ello, para trabajar este cuaderno no deberías dedicar sesiones de estudio superiores a una hora.

La metodología que has de seguir es la siguiente:

Análisis e interpretación de un texto
↓
Consulta del solucionario
↓
Redacción de textos expositivos o argumentativos
↓
Consulta del solucionario

El método expuesto es de autoaprendizaje, en el sentido de que, a través de las consultas de las respuestas en el SOLUCIONARIO, puedes evaluar el progreso de tu aprendizaje. Todos en la vida aprendemos mediante modelos y pautas, por lo que la consulta en el solucionario debes considerarla como un medio más de aprendizaje.

Respeta la norma idiomática y cuida la corrección ortográfica

Debes conocer y aplicar la normativa del idioma, tanto en la construcción oracional como en la corrección ortográfica. Por eso te recomendamos el uso constante del diccionario para resolver tus dudas de escritura de letras e incluimos en el APÉNDICE, al final de este cuaderno, las reglas de acentuación, de uso de la mayúscula inicial y de los signos de puntuación.

Recuerda siempre que la limpieza del escrito y su ortografía son como la tarjeta de presentación ante la persona a la que diriges el texto. Si observas atentamente, verás que el primer apartado de este cuaderno se dedica a establecer criterios de calidad para redactar cualquier escrito.

La calidad del texto escrito

1 Rasgos de calidad del texto escrito

1 La calidad de los textos escritos es como una tarjeta de presentación del emisor ante la persona a la que se dirige —el destinatario—, sea el profesor, un amigo, el jefe de un trabajo, etc. Por eso, hay que cuidar tanto lo que se dice, como el modo de decirlo, y procurar que la expresión sea adecuada, coherente, correcta de acuerdo a la normativa del idioma y escrita con letra clara y legible.

- Observa la calidad de estos escritos:

Vida de Cervantes

Miguel de Cervantes y Saavedra nació en Alcalá de Henares en 1547. Fue hijo de un modesto cirujano, que se trasladó con su familia a Madrid, donde Miguel estudió con el humanista López de Hoyos.

En 1570, marchó a Italia y allí se alistó como soldado. Luchó con valor en la batalla naval de Lepanto, contra los turcos, en donde fue herido gravemente y perdió el uso de su mano izquierda.

Cuando regresaba a España, fue apresado por piratas que lo llevaron de esclavo a Argel, donde estuvo cinco años. Los frailes de la Merced pagaron su rescate y a su regreso a España, en 1580, desempeñó distintos oficios, entre ellos el de recaudador de impuestos, que nunca le permitieron abandonar las dificultades económicas.

Vivió en Sevilla y en Valladolid y finalmente se instaló en Madrid, donde murió el 23 de abril de 1616. En esa fecha se celebra cada año el *Día del libro*.

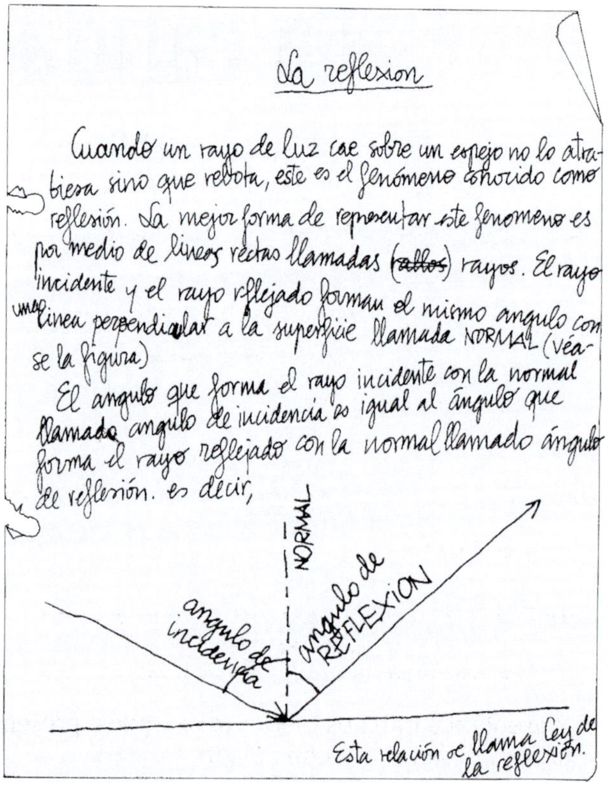
La reflexion

Cuando un rayo de luz cae sobre un espejo no lo atrabiesa sino que rebota, este es el fenómeno conocido como reflesión. La mejor forma de representar este fenomeno es por medio de lineas rectas llamadas (~~rallos~~) rayos. El rayo incidente y el rayo rflejado forman el mismo angulo con una linea perpendicular a la superficie llamada NORMAL (véase la figura)

El angulo que forma el rayo incidente con la normal llamado angulo de incidencia es igual al ángulo que forma el rayo reflejado con la normal llamado ángulo de reflesión. es decir,

Evalúa la calidad de uno y otro texto. Contesta justificando la respuesta.

- En cuanto al **contenido**, *lo que se dice*:

• ¿Está bien estructurado en párrafos, que responden a un plan previo: el guión?

....

....

• ¿Las oraciones son complejas y extensas, o sencillas y precisas para que las ideas estén expuestas con claridad?

....

....

- En cuanto a la **forma**, *cómo se dice*:

- ¿Está bien distribuido el texto en el papel: márgenes, espacios...?

....

....

- ¿Está limpio el texto, sin borrones ni tachaduras?

....

....

- ¿La letra es legible? ¿Qué letras observas mal escritas?

....

....

- ¿Existen incorrecciones gramaticales: faltas de concordancia o de ortografía, errores de puntuación, empleo inadecuado de nexos...?

....

....

2 PARA HACER EN TU CUADERNO. Para que tus trabajos tengan calidad, has de observar lo siguiente:

Contenido	Forma
• Presenta tus trabajos bien estructurados: presentación, desarrollo y conclusión. Para ello debes realizar un guión previo, bien por escrito, bien mentalmente. • Distribuye el contenido en párrafos. Cada párrafo ha de desarrollar una idea principal o secundaria. • Construye los párrafos con oraciones sencillas, claras y precisas. Para ello, procura que no sean extensas: que no sobrepasen los dos renglones, más o menos. • Emplea palabras cuyo significado conozcas. En otro caso, puede que las frases no tengan sentido.	• Cuida la corrección gramatical: la construcción oracional, la concordancia, el orden de los elementos en la oración, el uso preciso de nexos... • Utiliza sinónimos para evitar repeticiones innecesarias de palabras. • Revisa la ortografía. Cuando tengas dudas, resuélvelas con el diccionario o consulta algún manual. • Escribe con letra legible y evita borrones y tachaduras. • Distribuye convenientemente el texto en el papel: respeta los márgenes y deja las sangrías que permiten diferenciar los párrafos. No te tuerzas al escribir en una hoja sin rayas. Si es necesario, emplea una falsilla hasta que te habitúes.

- Corrige el texto sobre «La reflexión» y escríbelo de manera que tenga calidad.

2 Organización del texto: el guión y el párrafo

3 En todo escrito, incluso en el más sencillo, como una carta o una nota, el discurso debe seguir un orden que responda a una organización previa: el **guión**. En el guión han de quedar reflejados los apartados del escrito; así, en una carta: la fecha, el saludo, el cuerpo de la carta y la despedida.

En la exposición de un tema y en la argumentación, el guión se ajusta, normalmente, al esquema siguiente:

- La **introducción.** Se presenta el propósito de la exposición o la idea principal que se va a defender. Ha de ser breve, pero es necesaria porque sitúa al lector desde el primer momento en el tema.
- El **desarrollo** o cuerpo del escrito. Se exponen de manera ordenada las ideas y conceptos o las razones que avalan o niegan la idea principal.
- El final o **conclusión**. Debe resumir lo expuesto en la introducción y en el cuerpo del escrito y ha de ser también breve.

Lee con atención el texto siguiente. Ten en cuenta que hemos suprimido la separación en párrafos, que eligió su autor.

¿Qué se entiende por «bienestar»?

Lo que no se presta a discusión es que el «estar bien» para los actuales rectores del mundo y para la mayor parte de los humanos, consiste, tanto a nivel comunitario como a niveles individuales, en disponer de dinero para cosas. Sin dinero no hay cosas y sin cosas no es posible «estar bien» en nuestros días. El dinero se erige así en símbolo e ídolo de una civilización. El dinero se antepone a todo; llegado el caso, incluso al hombre. Con dinero se montan grandes factorías que producen cosas y con dinero se adquieren las cosas que producen esas grandes factorías. El hecho de que esas cosas sean necesarias o superfluas es accesorio. El juego consiste en producir y consumir, de tal modo que en la moderna civilización, no sólo se considera honesto sino inteligente, gastar uno en producir objetos superfluos y emplear noventa y nueve en persuadirnos de que nos son necesarios. Ante la oportunidad de multiplicar el dinero —insisto, a todos los niveles—, los valores que algunos seres aún respetamos, son sacrificados sin vacilación. Entre la supervivencia de un bosque o una laguna y la erección de una industria poderosa, el hombre contemporáneo no se plantea problemas: optará por la segunda. Encarados a esta realidad, nada puede sorprendernos que la corrupción se enseñoree en las sociedades modernas. El viejo y deplorable aforismo de que cada hombre tiene su precio alcanza así un sentido literal, de plena y absoluta vigencia, en la sociedad de nuestros días.

MIGUEL DELIBES: *Un mundo que agoniza.* Ed. Plaza & Janés.

- Analiza y resume el contenido del texto, lo que se dice:

- Introducción: *En la sociedad actual, se entiende «estar bien» como el hecho de disponer de dinero para comprar cosas.*

• Desarrollo: ....

....

....

....

• Conclusión: ....

....

....

....

4 El **párrafo** es una unidad de contenido, en cuanto que desarrolla una parte de lo que se dice en el texto mediante una o varias oraciones. Pero también tiene importancia formal: comienza con una sangría —un mayor margen— y termina en punto y aparte.

- En el texto anterior el autor empleó tres párrafos. Señala dónde se situarían los puntos y aparte para diferenciarlos y explica la razón.

....

....

....

....

....

....

....

5 **Las oraciones en el párrafo**. Como habrás observado al leer cuentos y novelas, la extensión del período oracional —trozo del discurso que separamos por puntos— varía de unos textos a otros. En los escritores literarios constituye un rasgo de estilo, del modo particular que tiene un autor de utilizar el idioma; sin embargo, en los textos de carácter práctico deben emplearse oraciones breves para facilitar la claridad en la exposición de las ideas. Por eso, en tus escritos escolares debes emplear oraciones sencillas: que no sobrepasen dos o tres renglones de tu cuaderno.

- Observa la construcción oracional del texto anterior y analiza, de manera razonada, si las oraciones son breves y sencillas, como corresponde a un texto expositivo-argumentativo.

....

....

....

....

....

....

....

3 La forma: caligrafía, limpieza, ortografía...

6 **Caligrafía**. Cada uno de nosotros tiene «sus letras», pero estas letras han de leerlas otras personas, y esto obliga a escribir con unas grafías fácilmente identificables. Observa el abecedario e intenta imitar la forma de estas letras.

A B C CH D E F G H I J K L LL M N Ñ O P Q R S T U V W X Y Z

....

....

a b c ch d e f g h i j k l ll m n ñ o p q r s t u v w x y z

....

....

7 En la escritura de las letras debes cuidar los siguientes aspectos:

- El tamaño debe ser parecido y no excesivamente grande ni pequeño.
- Cuando tienen un «rabito», éste ha de ser de doble altura.

● Copia y practica:

b ch d f g h j k l ll p q t y

....

- Deben diferenciarse bien unas letras de otras.

a e i o u   m n u   r s z   g p q   b d h   ch k t

....

- Tienes que habituarte a escribir unidas las letras de cada palabra. Con ello adquirirás la rapidez necesaria para tomar notas y apuntes en clase.

● Copia, en letra minúscula y lo mejor que puedas, los textos siguientes. Respeta el uso de la mayúscula inicial, al comienzo del escrito, y después de punto.

EL DICCIONARIO DE LA REAL ACADEMIA ESPAÑOLA DEFINE EL TÉRMINO "EXPLICAR" COMO «DECLARAR O EXPONER CUALQUIER MATERIA, DOCTRINA O TEXTO DIFÍCIL, CON PALABRAS MUY CLARAS PARA HACERLAS PERCEPTIBLES».

ARGUMENTAR ES EL ARTE DE RAZONAR A PARTIR DE OPINIONES GENERALMENTE ACEPTADAS. ES, POR TANTO, UN SIGNO DISTINTIVO DEL SER RACIONAL. POR ELLO, PODEMOS DEFINIR AL HOMBRE COMO EL ANIMAL CAPAZ DE ARGUMENTAR.

8

Márgenes y limpieza. La distribución del texto sobre el papel y la limpieza contribuyen de manera especial a la calidad del escrito. Debes respetar un margen arriba y a la izquierda de dos a tres centímetros (dos dedos aproximadamente) y un centímetro o centímetro y medio en la parte derecha y abajo y la sangría que señala los párrafos.

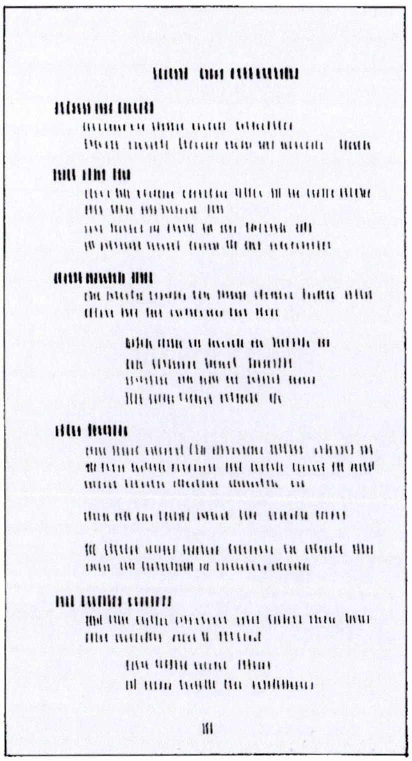

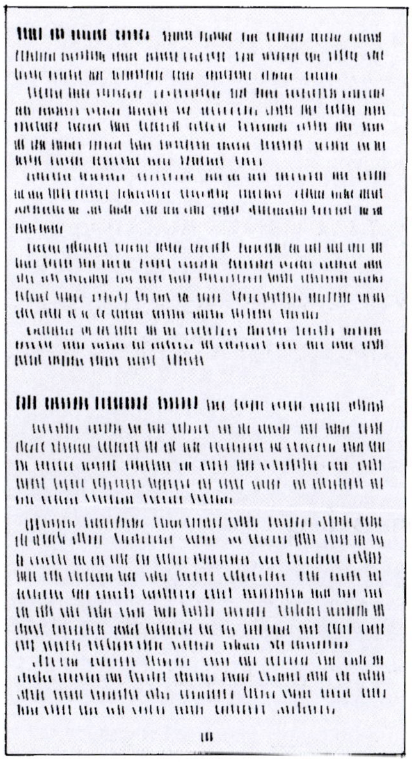

Evita borrones y tachaduras. Cuando tengas que tachar una palabra, escríbela entre paréntesis y señálala con una raya: *Esto es una (~~tachadura~~).*

- Observa las páginas de la izquierda y explica cuál te gusta más.

9

PARA HACER EN TU CUADERNO. Observa tu cuaderno de trabajo y anota los defectos que cometes al escribir las letras y que vas a evitar de ahora en adelante.

La exposición

1 Exponer y argumentar

10 Cuando hablamos o escribimos, realizamos diversas actividades: informar, explicar, pedir, rogar, disculpar, intentar persuadir, sugerir, emocionar... Para ello nos servimos de las diferentes formas de discurso: narración, descripción, exposición y argumentación.

Describir	Narrar	Exponer	Argumentar
Presentar objetos, personas, lugares o sentimientos, indicando, en la medida de lo posible, los detalles concretos. Por eso se suele decir que *describir es pintar con palabras.*	Contar una historia, un hecho o una serie de acontecimientos que se suceden en una secuencia temporal.	Presentar y explicar ideas, conceptos y argumentos, aclarar los fines y mostrar la organización del texto.	Dar razones o argumentos para defender una opinión o refutar la de otra persona.

En el **diálogo**, el escritor da voz a unos personajes para que ellos narren, describan, expongan o argumenten.

Es frecuente que en un mismo texto aparezcan interrelacionadas distintas formas del discurso, y así encontremos textos descriptivo-narrativos, narrativo-descriptivos, expositivo-argumentativos, etcétera. Por eso, en este cuaderno vas a trabajar la exposición y la argumentación, pero también la exposición en forma narrativa, descriptiva y argumentativa.

- Consulta el índice de este cuaderno y explica qué tipos de textos vas a trabajar.

....

....

1.1 La situación comunicativa

11 Los textos se producen en situaciones de comunicación en las que:

- Un emisor —hablante o escritor—, produce un texto, una explicación o una argumentación, para un destinatario —profesor, amigo, jefe de la oficina...

- En un marco social determinado: relaciones interpersonales *(una carta, postal, nota...)*, los medios de comunicación (*periódicos, revistas...*), relaciones con las empresas o con las administraciones públicas *(contratos, instancias...)*, el mundo de la ficción literaria *(novelas, poemas...)*, etcétera.
- Con una finalidad: aprobar, informar, convencer, pedir, reclamar...

Lee con atención:

A

B

Normas precisas para jugar a los dardos

■ Muchos de los miembros del Club de dardos Los Geranios, que presido, son asiduos lectores de MUY. Nos ha agradado mucho que una revista con tanto prestigio haya ofrecido información en el número de noviembre (210) sobre un deporte que, aunque desconocido, es muy interesante y cuenta con multitud de adeptos. No obstante, queremos precisar ciertos datos sobre distancias y materiales:

La altura desde el centro de la diana al suelo siempre debe ser de 1,73 m. La distancia desde la vertical de la cara exterior de la diana hasta la línea de tiro, de 2,37 m, y la hipotenusa desde el centro de la diana hasta la línea de tiro, de 2,93 m. La punta es de acero; las cañas o varillas, de titanio, aluminio, nylon y policarbonato; y los barriles, de tungsteno y níquel.

Pedro A. Ruiz Segura
Málaga

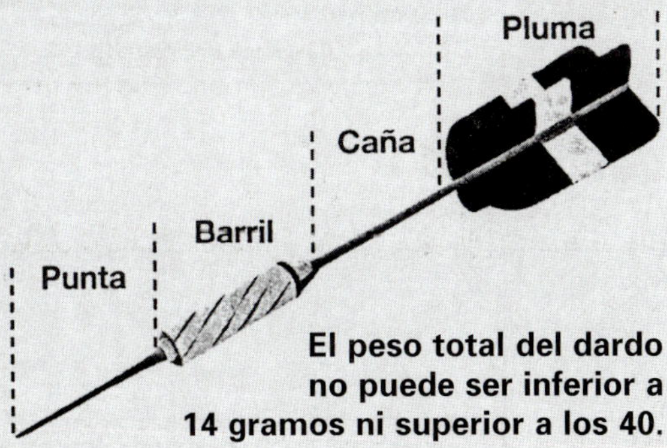

MUY INTERESANTE.

LORCA EN EL PLANETARIO

El Parque de las Ciencias de Granada, con el programa para su Planetario, El Universo de Lorca, ha demostrado, al menos, tres cosas: inspiración poética, decisión de llevar adelante un proyecto interdisciplinar ciencia-poesía, y muchas ganas de trabajar. Sin duda, es una grata sorpresa encontrarnos a Lorca en el Planetario pero, al fin y al cabo, también es algo de lo más natural. El firmamento estrellado ha estimulado, en algún momento, la imaginación de muchos poetas, entre ellos, Lorca.

El Universo de Lorca y sus cuatro elementos: agua, aire, tierra y fuego ha sido recreado a partir de fotografías de la vida del poeta, junto a animaciones infográficas. También aparecen cartas y documentos manuscritos así como películas de la época. Además del Planetario de Granada, donde El Universo de Lorca se quedará permanentemente, el programa también se podrá visitar en los Planetarios de Pamplona, La Coruña y Madrid.

Para más información:
Planetario de Granada
Tel. 958 131 900
Fax 958 133 582

C

MUNDO CIENTÍFICO, n.º 197.

El trabajo de voluntariado puede mejorar el estado de salud

EL PAÍS, **Barcelona**
Las personas que se dedican a actividades altruistas no sólo ayudan a los demás, sino también a sí mismas. Y como todo es susceptible de demostración, un estudio realizado por la Universidad de Michigan que esta semana publica la revista *The Journal of American Medical Association*, ha encontrado que quienes tienen actividad social e interacción con otras personas a través de acciones de voluntariado viven más años y con mayor salud que las personas que no lo hacen. Claro que quienes tienen ánimos para iniciarse en estas actividades suelen tener un buen estado de salud y un carácter abierto.

D

EL PAÍS.

Completa ahora el cuadro siguiente:

Texto	Emisor y destinatario	Marco social	Finalidad
A	*Es un anuncio publicitario. Emisor: la Xunta de Galicia; receptor: cualquier persona que lo lea y de manera especial el consumidor adulto.*	*Pertenece al mundo de los medios de comunicación.*	*Convencer a los lectores de la revista Vogue para que vistan moda gallega.*
B			
C			
D			

1.2 Exposición divulgativa y especializada

12 La exposición es una forma del discurso que consiste en presentar una información científica, técnica, histórica, literaria..., con el fin de informar al destinatario.
El carácter específico de la exposición es la claridad, de ahí su empleo en obras de divulgación, manuales de estudio, enciclopedias, textos científicos y periodísticos.

Según al público al que va dirigido el texto —más o menos culto— y la intención que guíe al autor —didáctica o no—, pueden deslindarse dos modalidades dentro del discurso de la exposición: divulgativa y especializada.

- **Modalidad divulgativa.** El autor informa, lo más clara y objetivamente, sobre un tema de interés general. Se dirige a un público amplio, no especializado en esa materia, y se transmite principalmente a través de los medios de comunicación y de los manuales de estudio. El discurso tiene que ser de fácil comprensión y, en consecuencia, el léxico específico debe ir explicado.

- **Modalidad especializada.** El autor del texto se dirige a un público ya iniciado en los conocimientos de una determinada disciplina, ciencia o técnica. Por eso, recibe el nombre de exposición científica o técnica. La monografía y las revistas especializadas son el medio usual para su transmisión. Aunque el objetivo primordial ha de ser la claridad, aparecen términos específicos que debe conocer el receptor.

A

Cómo hace la polio su sucio trabajo

La poliomielitis —del griego *polios*, "gris", y *mielos*, "médula"— está causada por un virus que tiene predilección por las neuronas motrices del sistema nervioso central. La propagación del poliovirus se produce por contacto con las heces o la saliva de una persona infectada. La mayoría de veces, el virus infecta primero la garganta, se multiplica en el intestino y penetra en los ganglios linfáticos provocando, en el 10 % al 40 % de los casos, un síndrome gripal efímero. En menos del 1 % de los casos el virus llega al cerebro y a la médula espinal, donde destruye las células nerviosas responsables de la contracción de las fibras musculares. Es entonces cuando suele sobrevenir la parálisis de las piernas. Pero también puede provocar parálisis de la caja torácica, lo que desemboca en una asfixia fatal. Los niños de menos de cinco años representan el 90 % de los casos: de ahí el nombre de «parálisis infantil».

Mundo Científico (núm. 199).

B

Dormidina® 25

COMPOSICIÓN: Cada comprimido contiene: Doxilamina (DCI) succinato....25 mg. Excipiente: fosfato cálcico dibásico, celulosa microcristalina, glicolato almidón sódico, dióxido de silicio coloidal, estearato magnésico, propilenglicol, dióxido de titano (E-171), color azul (E-131), hidroxipropilmetilcelulosa, polioxil-40 estearato y polietilengilicol, c.s.
PROPIEDADES: La Doxilamina, principio activo de Dormidina 25, ejerce un rápido efecto sedante y favorecedor del sueño.
INDICACIONES: Es útil en el tratamiento sintomático de todos los tipos de insomnio, particulamente cuando existe dificultad para conciliar el sueño, frecuentes interrupciones durante el mismo o despertar temprano por la mañana. Su eficacia se manifiesta ya a partir de la primera dosis nocturna.
POSOLOGÍA: La dosis recomendada para adultos (mayores de 18 años) es de 1 comprimido (25 mg) administrado 30 minutos antes de acostarse. Para menores de 18 años: consultar al médico.
CONTRAINDICACIONES: ***Dormidina 25*** no debe ser empleada en personas con asma, glaucoma (aumento de la presión intraocular), hipertrofia prostática o en aquellas con antecedentes de hipersensibilidad a cualquiera de sus componentes. Tampoco deberá ser administrado a mujeres embarazadas ni durante el período de lactancia.
PRECAUCIONES: Se recomienda la administración de ***Dormidina 25*** únicamente en el momento de acostarse. No conducir ni manejar maquinaria peligrosa mientras se toma este medicamento.
ADVERTENCIAS: Deberá emplearse con precaución en caso de tomar alcohol o medicamentos con etanol, ya que éste puede potenciar el efecto sedante del fármaco. En caso de que el paciente esté recibiendo tratamiento con otro fármaco, deberá consultar con el médico previamente a la toma de éste. No deberá ser administrado durante un periodo superior a dos semanas ni a menores de 18 años, si no es con conocimiento y recomendación del médico.

Importante para la mujer: Si está usted embarazada o cree que pudira estarlo, consulte a su médico antes de tomar este medicamento. El consumo de medicamentos durante el embarazo puede ser peligroso para el embrión o el feto, y debe ser vigilado por su médico.

Ⓒ

LA OPINIÓN DEL EXPERTO

Cefaleas y jaquecas

Las cefaleas (cualquier tipo de dolor de cabeza) son procesos benignos en su gran mayoría. Su importancia radica no tanto en la posibilidad escasa, pero real, de que sean expresión de un grave proceso cerebral, como en su elevada prevalencia, el carácter crónico y recurrente y el importante deterioro de la calidad de vida que determina en el que la padece. La jaqueca (un tipo especial, y posiblemente el más frecuente, de cefalea) afecta al 15 por ciento de la población, sufriendo un tercio de ellos más de un episodio mensual. Su característica clínica más relevante —y que da nombre al proceso— es el dolor de tipo pulsátil (como latidos, martillazos) en media cabeza (hemicránea), la presencia de náuseas y vómitos, y no rara vez la visión de «estrellas» precediendo al dolor. La jaqueca es, además un problema sociosanitario y económico de primer orden por el elevado consumo de medicación, su alta frecuencia en las consultas médicas, y el absentismo laboral que provoca.

La jaqueca ha acompañado de forma penosa la historia del hombre y ya fue bien identificada en los primeros testimonios escritos, como los papiros médicos faraónicos. Este dolor ha desafiado durante milenios los avances médicos y hasta hace poco se ha considerado una enfermedad incurable. El mejor conocimiento de los mecanismos químicos que subyacen al dolor, ha permitido en los últimos lustros el descubrimiento de medicaciones eficaces (triptanes) para aliviar este mal que golpea periódicamente la cabeza del paciente.

Aunque últimamente se ha puesto de moda el sinónimo migraña, debe utilizarse la palabra jaqueca (derivada del árabe «saqquica», media cabeza) de gran solera histórica y popular en nuestro idioma, y ya presente en el Lapidario de Alfonso X El Sabio.

Esteban GARCÍA ALBEA
Neurólogo Jefe de la Sección de Neurología del Hospital Príncipe de Asturias de Alcalá de Henares (Madrid)

LA RAZÓN.

- Explica si los textos anteriores son o no divulgativos, especificando el receptor al que se dirigen.

....

....

....

....

13 PARA HACER EN TU CUADERNO. **La lengua de los textos expositivos**. La finalidad eminentemente práctica de la exposición determina los rasgos lingüísticos de su expresión. De ellos destacan el empleo de las formas verbales, la peculiar sintaxis y el léxico.

- **Formas verbales**. Se utiliza casi de modo exclusivo el presente de indicativo, pues su valor intemporal le hace apto para la exposición de contenidos.

- **Estructuras sintácticas**. Para conseguir la claridad, propia de este tipo de escritos, el período oracional ha ser breve, huyendo de toda complejidad. La oración extensa dificulta la comprensión del discurso y debe evitarse.

  El orden lógico de la oración —sujeto + predicado— facilita la transmisión eficaz de los contenidos.

  Por otro lado, los elementos nucleares —nombres y verbos— deben ir complementados para precisar los conceptos y las acciones. De aquí, el empleo de adjetivos especificativos y oraciones explicativas y complementos que expresan distintas circunstancias de la acción verbal.

- **El léxico.** Se utiliza un léxico específico de la temática que trate el texto y adecuado al nivel de comprensión —divulgativo o especializado— del receptor. Los términos propios y específicos de cada ciencia y técnica reciben el nombre de tecnicismos, que tienen carácter eminentemente denotativo.

- Señala el léxico específico del texto de *La Razón*, consulta su significado en una enciclopedia y explícalo con tus propias palabras.

2 La exposición y las técnicas de estudio

14 La exposición y la argumentación están presentes en la mayoría de las actividades escolares: explicaciones, exámenes, comentarios, trabajos... Por ello, es conveniente que comprendas bien la situación comunicativa en que se desarrollan estas actividades para conseguir éxito en tus estudios.

- Lee con atención:

LOS FACTORES DEL ÉXITO ACADÉMICO

¿Por qué un alumno suspende y su compañero saca sobresalientes? A esta vieja pregunta la sabiduría popular ha pretendido dar respuesta con epítetos acuñados: «este chico es inteligente, torpe, empollón, vago, estudioso, listo...», adjetivos que destacan alguna de las cualidades que se relacionan con el fracaso o el éxito escolar. Pero esa explicación científicamente es insuficiente e incluso errónea en muchos de los casos.

Sin pretender hacer un recuento exhaustivo de la multitud de factores que inciden directa o indirectamente sobre el rendimiento académico, hay que decir que éste depende, en un alto grado, de cuatro factores: aptitudes intelectuales, conocimientos previos, motivación y aplicación de técnicas de estudio adecuadas.

Principales factores que intervienen en el rendimiento académico.

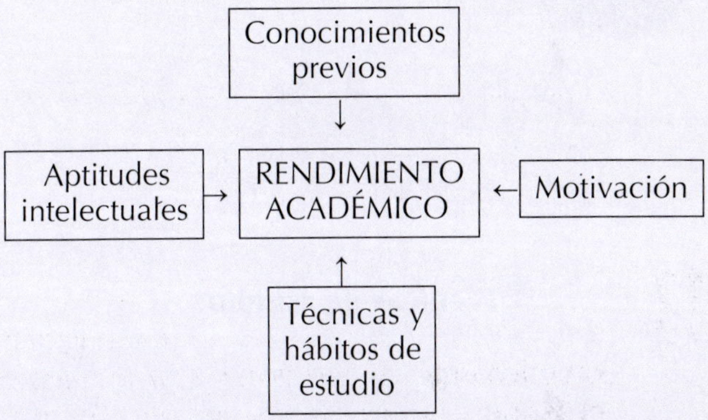

MIGUEL SALAS: *Técnicas de estudio.* Alianza Editorial.

- Analiza y evalúa tus hábitos de estudio. Señala en cada uno de los siguientes apartados cuál es tu situación personal.

- **Conocimientos previos**:

....

....

....

....

....

Aptitudes intelectuales:

....

....

....

....

....

Motivación:

....

....

....

....

....

Técnicas de estudio:

....

....

....

....

....

15 Completa la siguiente ficha sobre tus hábitos de trabajar las técnicas de estudio.

Técnica de estudio	Habitualmente	A veces	Nunca
Subrayado			
Resumen			
Tomar apuntes			
Esquemas y diagramas			

2.1 El método de estudio

16 El estudio y aprendizaje de conocimientos se desarrolla principalmente de dos modos:

- Mediante la lectura de manuales (libros de texto, enciclopedias, monografías...), de periódicos y revistas, libros de creación literaria, etcétera.
- A través de las explicaciones del profesor.

Para estudiar con aprovechamiento, debes seguir unas fases en el proceso de lectura y un método de estudio.

Método de estudio. Un método de estudio es el modo organizado y programado de proceder para conseguir asimilar y memorizar unos conocimientos.

Cada estudiante ha de elaborar su propio método de trabajo, pero siempre ha de asegurar estos aspectos:

- Proporcionar una visión completa del tema o lección, relacionándolo con los temas anteriores y posteriores.
- Adquirir una correcta comprensión del mismo.
- Facilitar su memorización y asimilación en posteriores repasos.

Para conseguirlo, te proponemos unas etapas en el proceso que debes seguir:

Lectura global	Lectura crítica	Aplicación de técnicas de estudio	Memorización y repaso
La lectura de un tema o lección tiene como objetivo la comprensión de su contenido y se articula en varias fases: • **Pre-lectura**: Observar los apartados del texto. • **Lectura rápida** para captar las ideas generales o globales.	Todos los conocimientos nuevos que adquieres debes relacionarlos con los que ya posees. Para ello **reflexiona y relaciona** lo que se dice en el tema con los temas anteriores que has estudiado y, si es posible, con los temas siguientes.	A continuación debes proceder a emplear unas técnicas que te permitan asimilar el contenido del texto: **subrayado, resumen, esquema, diagramas, cuadros sinópticos**...	Para memorizar tus resúmenes, esquemas, cuadros..., has de referirlos en voz alta o mentalmente (según tengas costumbre), como si lo tuvieras que decir al profesor o escribir en un examen. El estudio requiere repasos periódicos y constantes.

17 **Pre-lectura**. En esta etapa debes adquirir una idea general sobre el contenido del libro: consulta el índice, lee el prólogo y alguna página al azar; si se trata de un texto más breve, averigua la forma de discurso que emplea y a qué genero textual pertenece (novela, cuento, ensayo, reportaje, prospecto...).

- Consulta el índice de este cuaderno, lee el prólogo y resume el método que explica el autor, para trabajar con aprovechamiento este manual.

....

....

....

....

18 **Lectura rápida**. Se trata de una lectura continuada y completa para captar la idea general y los apartados principales del texto. Lee de manera rápida.

Leyenda sobre el tablero de ajedrez

El juego del ajedrez fue inventado en la India. Cuentan que cuando el rey hindú Sheram lo conoció, quedó maravillado de lo ingenioso que era y de la variedad de posiciones que en él son posibles. Al enterarse de que el inventor era uno de sus súbditos, el rey lo mandó llamar con objeto de recompensarle personalmente por su acertado invento.

El inventor, llamado Seta, presentose ante el soberano. Era un sabio vestido con modestia, que vivía gracias a los medios que le proporcionaban sus discípulos.

—Seta, quiero recompensarte dignamente por el ingenioso juego que has inventado —dijo el rey.

El sabio contestó con una inclinación.

—Soy bastante rico como para poder cumplir tu deseo más elevado —continuó diciendo el rey—. Di la recompensa que te satisfaga y la recibirás.

Seta continuó callado.

—No seas tímido —le animó el rey—. Expresa tu deseo. No escatimaré nada para satisfacerlo.

—Grande es tu magnanimidad, soberano. Pero concédeme un corto plazo para meditar la respuesta. Mañana, tras maduras reflexiones, te comunicaré mi petición.

Cuando al día siguiente Seta se presentó de nuevo ante el trono, dejó maravillado al rey con su petición, sin precedente por su modestia.

—Soberano —dijo Seta—, manda que me entreguen un grano de trigo por la primera casilla del tablero de ajedrez.

—¿Un simple grano de trigo? —contestó admirado el rey.

—Sí, soberano. Por la segunda casilla, ordena que me den dos granos; por la tercera, 4; por la cuarta, 8; por la quinta, 16; por la sexta, 32...

—Basta —interrumpióle irritado el rey—. Recibirás el trigo correspondiente a las 64 casillas del tablero de acuerdo con tu deseo: por cada casilla doble cantidad que por la precedente. Pero has de saber que tu petición es indigna de mi generosidad. Al pedirme tan mísera recompensa, menosprecias, irreverente, mi benevolencia. En verdad que, como sabio que eres, deberías haber dado mayor prueba de respeto ante la bondad de tu soberano. Retírate. Mis servidores te sacarán un saco con el trigo que solicitas.

Seta sonrió, abandonó la sala y quedó esperando a la puerta del palacio.

Por la mañana comunicaron al rey que el matemático mayor de la corte solicitaba audiencia para presentarle un informe muy importante.

El rey mandó que le hicieran entrar.

—Antes de comenzar tu informe —le dijo Sheram—, quiero saber si se ha entregado por fin a Seta la mísera recompensa que ha solicitado.

—Precisamente por eso me he atrevido a presentarme tan temprano —contestó el anciano—. Hemos calculado escrupulosamente la cantidad total de granos que desea recibir Seta. Resulta una cifra tan enorme...

—Sea cual fuere su magnitud —le interrumpió con altivez el rey— mis graneros no empobrecerán. He prometido darle esa recompensa, y por lo tanto, hay que entregársela.

—Soberano, no depende de tu voluntad el cumplir semejante deseo. En todos tus graneros no existe la cantidad de trigo que exige Seta. Tampoco existe en los graneros de todo el reino. Hasta los graneros del mundo entero son insuficientes. Si deseas entregar sin falta la recompensa prometida, ordena que todos los reinos de la Tierra se conviertan en labrantíos, manda desecar los mares y océanos, ordena fundir el hielo y la nieve que cubren los lejanos desiertos del Norte. Que todo el espacio sea totalmente sembrado de trigo, y ordena que toda la cosecha obtenida en estos campos sea entregada a Seta. Sólo entonces recibirá su recompensa.

El rey escuchaba lleno de asombro las palabras del anciano sabio.

—Dime cuál es esa cifra tan monstruosa —dijo reflexionando.

—¡Oh, soberano! Dieciocho *trillones* cuatrocientos cuarenta y seis mil setecientos cuarenta y cuatro *billones* setenta y tres mil setecientos nueve *millones* quinientos cincuenta y un mil seiscientos quince.

Y. PERELMAN: *Matemáticas recreativas*. Eds. Martínez Roca.

Determina la idea global. Contesta como si tuvieras que explicar a alguien de qué trata este texto.

....

....

....

Evalúa tu velocidad lectora. Elige un fragmento del texto y léelo durante dos minutos. A continuación, cuentas las palabras y divides por dos. ¿Cuántas palabras lees por minuto?

....

Si lees, con entonación apropiada y entendiendo el texto, más de 180 palabras por minuto, tu velocidad lectora es adecuada. En otro caso, debes practicar la lectura a diario en cualquier tipo de textos (periódicos, revistas, relatos...) con el fin de poder seguir con aprovechamiento el ritmo que marca el profesor en tus estudios.

19

Lectura crítica. Es un enfrentamiento serio con el texto para captar las ideas y establecer la relación que se establece entre ellas. Esta forma de lectura se refuerza con técnicas activas como el subrayado, toma de apuntes, realización de resúmenes o diagramas, consulta de fuentes de información (diccionarios, enciclopedias...), etcétera.

Uso del diccionario. Para comprender un texto, debes conocer el significado de las palabras; y para ayudarte tienes el diccionario.

Consulta tu diccionario y escribe la acepción que se corresponde con las siguientes palabras del texto:

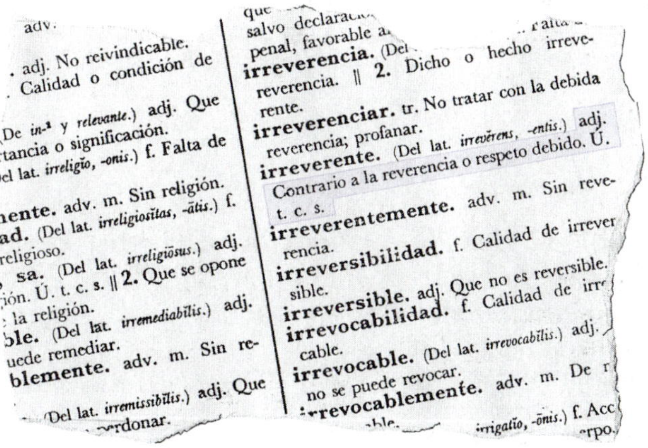

adv.
. adj. No reivindicable.
. Calidad o condición de
De *in-*[2] y *relevante.*) adj. Que
rtancia o significación.
Del lat. *irreligio, -onis.*) f. Falta de
mente. adv. m. Sin religión.
lad. (Del lat. *irreligiosĭtas, -ātis.*) f.
rreligioso.
, sa. (Del lat. *irreligiōsus.*) adj.
ión. Ú. t. c. s. || **2.** Que se opone
la religión.
ble. (Del lat. *irremediabĭlis.*) adj.
uede remediar.
blemente. adv. m. Sin re-
(Del lat. *irremissibĭlis.*) adj. Que
rdonar.

que
salvo declarac
penal, favorable a
irreverencia. (Del ... falta ... || **2.** Dicho o hecho irreverente.
reverencia.
irreverenciar. tr. No tratar con la debida reverencia; profanar.
irreverente. (Del lat. *irrevĕrens, -entis.*) adj. Contrario a la reverencia o respeto debido. Ú. t. c. s.
irreverentemente. adv. m. Sin reverencia.
irreversibilidad. f. Calidad de irreversible.
irreversible. adj. Que no es reversible.
irrevocabilidad. f. Calidad de irrevocable.
irrevocable. (Del lat. *irrevocabĭlis.*) adj. ... no se puede revocar.
irrevocablemente. adv. m. De r
ble.
irrigatĭo, -ōnis.) f. Acc
rpo.

magnanimidad: ....

irreverente: ....

altivez: ....

benevolencia: ....

labrantíos: ....

desecar: ....

20

Comprensión del texto. Este texto, como ves, es un relato en el que se formula un problema y se ofrece una solución. Como en todo relato, hay una presentación en la que se plantea un problema o conflicto que obliga a los personajes a actuar para llegar a un desenlace.

- Resume brevemente cada una de las partes. Puedes empezar así:

  - Presentación: *El invento del juego del ajedrez se atribuye al hindú Seta. Al conocerlo el rey, quiso premiarlo y le dijo que pidiera lo que deseara, pues, como era muy rico y poderoso, se lo concedería. Entonces.....*

....

....

....

- Desarrollo: ....

....

....

....

....

....

- Desenlace: ....

....

....

....

....

....

....

21 Enuncia el problema y explica el modo de resolverlo. Puedes empezar así: *¿Cuántos granos de trigo sumarían las 64 casillas del tablero de ajedrez si en la primera casilla ponemos un grano y en cada una de las siguientes el doble que en la anterior?*

....

....

....

....

....

....

22 PARA HACER EN TU CUADERNO. En muchos textos hay una información implícita que debes descubrir para conseguir una comprensión correcta. Así, en este texto se percibe que Seta quiso dar a su rey una lección de humildad. Explica en qué consiste y realiza una valoración personal de la conducta de Seta y del rey.

3 La organización del discurso expositivo

23 La correcta comprensión del texto expositivo exige descubrir la organización de su progresión temática: el contenido de los escritos —lo que se dice— se estructura en párrafos y, además, podemos observar otras partes de mayor entidad. Lee con atención y observa:

Título	¿Cómo reconstruir los antiguos climas?
Introducción Presentación del tema y del objeto de la exposición.	La paleoclimatología es también un juego de detectives. A cada clima le corresponde un paisaje. Para encontrar datos de los paisajes desaparecidos, es necesario estudiar los restos de las plantas, de los animales y, en ocasiones, de las rocas.
Desarrollo Ejemplificación con datos históricos y culturales.	Así, por ejemplo, el carbón es un indicio de bosque. Una capa espesa corresponde a un bosque importante. Y eso va asociado a un clima ecuatorial. En un clima tropical, el agua se evapora rápidamente. La presencia de grandes depósitos de sal en una zona permite deducir que allí hubo un mar que desapareció bajo la acción del sol. Asimismo se pueden estudiar los troncos de los árboles fósiles. La presencia de anillos indica que el árbol vivió en una zona templada, en la que las estaciones son muy marcadas (el árbol crece, haciendo cada año un anillo, durante la estación cálida; y detiene su crecimiento en invierno). La ausencia de anillos, por el contrario, es señal de un clima ecuatorial, sin estaciones. Los grandes reptiles no viven jamás en las regiones frías. El descubrimiento de sus fósiles en tierras actuales heladas significa que, en otros tiempos, esas tierras tenían un clima cálido.
Conclusión Recoge la idea expuesta al principio del texto.	Ya veis que los paleoclimatólogos no carecen de elementos para reconstruir los antiguos climas. Desde luego, existen otras muchas pistas, además de las señaladas. DIDIER GILLE: *La conquista de los continentes*, Ed. SM.

- Explica a tu manera la organización del contenido del texto.

....

....

24 La estructura que puede presentar un texto es muy variada, y la vas a ir estudiando a lo largo de este cuaderno. No obstante, para que te vayas haciendo una idea, aquí te presentamos los principales esquemas a los que se ajusta.

Estructura deductiva	Estructura inductiva	Estructura circular o de encuadre
La idea principal se expone al comienzo del texto y, a continuación, se demuestra con datos particulares.	Parte de la exposición de datos o ejemplos particulares para llegar a la idea general.	Contiene elementos de la estructura deductiva e inductiva. En efecto, se formula al principio del texto la idea general; a continuación, se enumeran los casos concretos o los ejemplos que la confirman; y, finalmente, se vuelve a la idea principal.

Estructura enumerativa	Estructura secuencial o sucesiva	Estructura paralelística
Generalmente está constituida por una lista de propiedades que describen un objeto, hecho o idea.	Los elementos aparecen ordenados, bien siguiendo un orden cronológico (como en los textos de carácter histórico), bien siguiendo un orden en las pautas para su realización. (textos instruccionales).	Se presenta un concepto y, a continuación, se amplía la información por apartados. CÁNCER de pulmón, de mama, de colon, ...

Estructura de comparación/contraste	Estructura de enunciación/resolución de un problema	Estructura de causa/efecto (inferencia)
Indica las similitudes o diferencias entre dos o más objetos, seres, ideas, etc.	Tiene dos partes: en la primera se plantea el problema; en la segunda se expone la solución.	Se presenta un acontecimiento o situación que es la causa de que se produzca un efecto determinado.

- Lee con atención el texto siguiente y determina las partes en que se divide el contenido.

¿Existe la inmunidad?

[1] Los virus constituyen los enemigos más formidables del hombre y se han mostrado absolutamente invulnerables al ataque de los medicamentos o a cualquier otra arma artificial. Y aun así, el hombre ha sido capaz de resistir contra ellos, incluso en las condiciones más desfavorables. El organismo humano está dotado de impresionantes defensas contra la enfermedad.

[2] Analicemos la peste negra, la gran plaga del siglo XIV. Atacó a una Europa que vivía en una aterradora suciedad carente de cualquier concepto moderno de higiene, sin instalaciones de cañerías de desagüe, sin forma alguna de tratamiento médico razonable, una población aglutinada e indefensa. Claro que la gente podía huir de las aldeas infestadas, pero el enfermo fugitivo tan sólo servía para propagar las epidemias más lejos y con mayor rapidez. Pese a ello, tres cuartas partes de la población resistieron con éxito los ataques de la infección. En tales circunstancias, lo realmente asombroso no fue que muriera uno de cada cuatro, sino que sobrevivieran tres de cada cuatro.

[3] Es evidente que existe eso que se llama resistencia natural a cualquier enfermedad, la inmunidad.

ISAAC ASIMOV: *Introducción a la Ciencia.* Ed. Plaza y Janés.

- Explica, de manera razonada, la estructura del texto.

3.1 El subrayado

25 El **subrayado** consiste en destacar, de manera gráfica, la información relevante de un texto con el fin de facilitar su estudio.

La técnica del subrayado incrementa la atención al leer y evita las distracciones, favorece la lectura crítica y ayuda a la memorización en el repaso posterior.

Observa las pautas que has de seguir para realizar un subrayado de calidad:

Cuándo subrayar	Qué subrayar	Cómo subrayar
• Realiza una lectura completa del texto para adquirir una visión global del contenido. Debes entender de qué trata el texto. • Lee de nuevo el texto para determinar la progresión temática y anota al margen los apartados, como lo has hecho en el ejercicio anterior. Consulta en el diccionario las palabras que desconozcas. • Ahora ya puedes empezar a subrayar.	• Lee párrafo a párrafo y subraya las palabras o expresiones que resalten la información relevante o ideas principales. • No subrayes en exceso, pues entonces no te será útil. Un subrayado está bien hecho cuando lo subrayado tiene sentido por sí mismo y recoge la información relevante.	• Utiliza signos gráficos sencillos: una línea, bajo el texto. • En el caso de que necesites subrayar varias líneas para destacar definiciones o ideas importantes, emplea una raya vertical en el margen.

● Observa los siguientes modos de subrayar el texto *¿Cómo reconstruir los antiguos climas?*

Texto mal subrayado

[1] La paleoclimatología (ciencia que estudia los climas) es también un juego de detectives. A cada clima le corresponde un paisaje. Para encontrar datos de los paisajes desaparecidos, es necesario estudiar los restos de las plantas, de los animales y, en ocasiones, de las rocas.

[2] Así, por ejemplo, el carbón es un indicio de bosque. Una capa espesa corresponde a un bosque importante. Y eso va asociado a un clima ecuatorial.

[3] En un clima tropical, el agua se evapora rápidamente. La presencia de grandes depósitos de sal en una zona permite deducir que allí hubo un mar que desapareció bajo la acción del sol.

[4] Asimismo se pueden estudiar los troncos de los árboles fósiles. La presencia de anillos indica que el árbol vivió en una zona templada, en la que las estaciones son muy marcadas (el árbol crece, haciendo cada año un anillo, durante la estación cálida; y detiene su crecimiento en invierno). La ausencia de anillos, por el contrario, es señal de un clima ecuatorial, sin estaciones.

[5] Los grandes reptiles no viven jamás en las regiones frías. El descubrimiento de sus fósiles en tierras actuales heladas significa que en otros tiempos esas tierras tenían un clima cálido.

[6] Ya veis que los paleoclimatólogos no carecen de elementos para reconstruir los antiguos climas. Desde luego, existen otras muchas pistas, además de las señaladas.

Texto bien subrayado

La paleoclimatología (ciencia que estudia los climas) es también un juego de detectives. A cada clima le corresponde un paisaje. Para encontrar datos de los paisajes desaparecidos, es necesario estudiar los restos de las plantas, de los animales y, en ocasiones, de las rocas.

Así, por ejemplo, el carbón es un indicio de bosque. Una capa espesa corresponde a un bosque importante. Y eso va asociado a un clima ecuatorial.

En un clima tropical, el agua se evapora rápidamente. La presencia de grandes depósitos de sal en una zona permite deducir que allí hubo un mar que desapareció bajo la acción del sol.

Asimismo se pueden estudiar los troncos de los árboles fósiles. La presencia de anillos indica que el árbol vivió en una zona templada, en la que las estaciones son muy marcadas (el árbol crece, haciendo cada año un anillo, durante la estación cálida; y detiene su crecimiento en invierno). La ausencia de anillos, por el contrario, es señal de un clima ecuatorial, sin estaciones.

Los grandes reptiles no viven jamás en las regiones frías. El descubrimiento de sus fósiles en tierras actuales heladas significa que en otros tiempos esas tierras tenían un clima cálido.

Ya veis que los paleoclimatólogos no carecen de elementos para reconstruir los antiguos climas. Desde luego, existen otras muchas pistas, además de las señaladas.

● Explica por qué está mal subrayado el texto de la izquierda. Indica los errores en cada uno de los párrafos.

[1] *Se omite información relevante: concepto de paleoclimatología y, además, lo subrayado no tiene sentido por sí mismo.*

[2] ....
....
....

[3] ....
....
....

[4] ....
....
....

[5] ....
....
....

[6] ....
....
....

26 Lee con atención y subraya el texto siguiendo las pautas aprendidas.

¿Existe la inmunidad?

Los virus constituyen los enemigos más formidables del hombre y se han mostrado absolutamente invulnerables al ataque de los medicamentos o a cualquier otra arma artificial. Y aun así, el hombre ha sido capaz de resistir contra ellos, incluso en las condiciones más desfavorables. El organismo humano está dotado de impresionantes defensas contra la enfermedad.

Analicemos la peste negra, la gran plaga del siglo XIV. Atacó a una Europa que vivía en una aterradora suciedad carente de cualquier concepto moderno de higiene, sin instalaciones de cañerías de desagüe, sin forma alguna de tratamiento médico razonable, una población aglutinada e indefensa.

Claro que la gente podía huir de las aldeas infestadas, pero el enfermo fugitivo tan sólo servía para propagar las epidemias más lejos y con mayor rapidez. Pese a ello, tres cuartas partes de la población resistieron con éxito los ataques de la infección. En tales circunstancias, lo realmente asombroso no fue que muriera uno de cada cuatro, sino que sobrevivieran tres de cada cuatro.

Es evidente que existe eso que se llama resistencia natural a cualquier enfermedad, la inmunidad.

ISAAC ASIMOV: *Introducción a la Ciencia.* Ed. Plaza y Janés.

3.2 La exposición en forma deductiva

27 En la organización en forma deductiva o analizante se presenta, en primer lugar, la idea o concepto general —muchas veces en forma de definición— y, a continuación, se exponen casos particulares, normalmente en forma de ejemplos.

IDEA GENERAL (O DEFINICIÓN) → CASOS PARTICULARES (EJEMPLOS)

El siguiente texto es un reportaje periodístico, publicado en una revista de divulgación; de ahí que sea de fácil comprensión. Lee con atención.

[1] Muchas especies de plantas, que hoy son de consumo habitual, estuvieron en la lista negra de las plantas «malditas» cuando todavía eran una novedad.

[2] Las primeras importaciones de tabaco, té, café y chocolate llegaron a Europa en el siglo XVII. A finales de siglo aparecieron, en primer lugar en Italia, los primeros salones públicos para el consumo de té y café. En un primer momento, estas infusiones se consideraban medicinales y, de hecho, los salones se presentaban como «casas medicinales». En el caso del tabaco, también sobre estas fechas aparecieron los primeros «salones de fumadores».

[3] Muy pronto, la sospecha de constituir drogas perversas que generaban vicio y predisponían a la vida disoluta se extendió sobre este consumo. En el caso del tabaco, además, la mala imagen social provenía del hecho de que este hábito de consumo había sido originariamente copiado de los hábitos de los esclavos. Tampoco el chocolate se libró de la mala prensa, y pronto la Iglesia desaconsejó su consumo a religiosas y religiosos, por entender que era un estimulante de la sexualidad.

[4] Si bien esta prohibición se debilitó con el tiempo, todavía hoy día se conserva su memoria, y algunas monjas sienten la necesidad de disculparse por este «pecadillo». No obstante, fuera de algunos círculos religiosos anglosajones, que todavía los prohíben con la misma condena formal que a las drogas más duras, hace tiempo que no existe predisposición alguna contra estos productos. Salvo el caso del tabaco, cuyo impacto médico-sanitario está bien establecido.

REVISTA *NATURA* (núm. 192).

[1] ....
....

[2] ....
....

[3] ....
....

[4] ....
....

- Subraya el texto.
- Determina la organización del contenido y señala en el margen el desarrollo de las ideas.
- Explica de manera razonada la forma de organización del discurso.

....

....

3.3 El resumen

28 Resumir consiste en condensar un texto de modo que no falte ninguna de las ideas importantes y se mantenga la estructura organizativa del mismo.

La finalidad del resumen es ayudar a la memorización del contenido de un texto para preparar un examen o una exposición oral.

¿Cómo se hace un resumen? Para lograr un resumen de calidad, sigue estas pautas:

- Realiza una lectura crítica del texto y subraya las ideas y palabras claves.
- Redacta las ideas fundamentales, elaboradas con tus propias palabras y bien ligadas entre sí.
- Copia completas las definiciones y los tecnicismos que emplea el autor.
- Debes respetar la organización del texto original.
- La característica fundamental del resumen es la brevedad, por lo que no debes descender a detalles.
- Expón las ideas de manera clara para que cumplan la finalidad que persigue: favorecer el repaso y estudio. No emplees un lenguaje telegráfico, propio del esquema.

● Lee ahora con atención estos modelos de resúmenes y explica razonadamente cuál te parece de mayor calidad.

A

Muchas especies de plantas, que hoy son de consumo habitual, estuvieron en la lista negra de las plantas «malditas» cuando todavía eran una novedad. Así ocurrió con el café, el té, el chocolate y el tabaco.

B

Muchas especies de plantas, como el café, el té, el chocolate y el tabaco, que hoy se emplean de manera habitual, se consideraron en otro tiempo drogas y plantas «malditas». Cuando llegaron a Europa en el siglo XVII, se extendió rápidamente su consumo, pero pronto sufrieron el rechazo social por diferentes motivos:

- El té y el café porque generaban vicios que conducían a una vida disoluta.
- El chocolate porque se consideraba estimulante de la sexualidad, lo cual no era bien visto por la Iglesia.
- Y el tabaco porque era un vicio muy extendido entre los esclavos.

Desde hace tiempo, sin embargo, no existe predisposición alguna contra estas plantas, a excepción del tabaco, cuya agresividad contra la salud está demostrada científicamente.

C

Cuando llegaron a Europa en el siglo XVII el té, el tabaco y el chocolate, se extendió rápidamente su consumo. No obstante, pronto se consideraron drogas y sufrieron un rechazo social por diferentes causas:

El té y el café porque generaban vicios que conducían a una vida disoluta.

El chocolate porque se consideraba estimulante de la sexualidad, lo cual no era bien visto por la Iglesia.

Y el tabaco porque era un vicio muy extendido entre los esclavos.

D

Muchas especies de plantas, que hoy se consumen habitualmente, estuvieron prohibidas en otras épocas. Así ocurrió con el té, el café, el tabaco y el chocolate. Cuando llegaron a Europa en el siglo XVII, se extendió rápidamente su consumo, pero, al poco tiempo, se consideraron drogas y sufrieron un rechazo social por diferentes causas: el té y el café porque generaban vicios que conducían a una vida disoluta; el chocolate porque se consideraba estimulante de la sexualidad, lo cual no era bien visto por la Iglesia; y el tabaco porque era un vicio muy extendido entre los esclavos.

A *Es un resumen insuficiente, porque no recoge toda la información relevante.*

B ....

Ⓒ ....

Ⓓ ....

29 PARA HACER EN TU CUADERNO. Lee con atención el texto siguiente. Observa que algunos tecnicismos, como *parasitismo, depredadora, predatorismo* o *hermafrodita,* están explicados en el propio texto. Si no conoces el significado de alguna palabra, consulta tu diccionario.

Seres que viven a costa de otro

[1] Hay asociaciones de seres vivos en las que una de las especies asociadas obtiene de la otra las substancias nutritivas que necesita, bien tomando alimentos que ésta tenía para sí, bien nutriéndose de partes integrantes de su cuerpo, como tejidos, sangre, etc. Este tipo de asociación, en que una parte es beneficiada, mientras que la otra queda perjudicada, caracteriza el parasitismo, constituido por la unión de un parásito con su huésped.

[2] La vida parásita es, en realidad, una especialización de la vida cazadora, depredadora, como lo demuestran ciertas sanguijuelas que pueden alimentarse de renacuajos que capturan en el agua, fenómeno llamado predatorismo, y también chupando sangre de caballos y ranas (parasitismo). La vida parásita tiene gran influencia sobre la organización de los seres que la practican. La abundancia de alimento hace que muchas veces se atrofien o lleguen a desaparecer los órganos locomotores, necesarios para ir en su busca. Consecuencia entonces de la falta de movimiento, el parásito sufre la atrofia de los órganos de los sentidos: la mayor parte de los parásitos internos, como las tenias, son ciegos. Muchos que viven en líquidos nutritivos, como las mismas tenias, pierden el tubo digestivo; en cambio, frente a esta pérdida general de órganos locomotores y de los sentidos, aparecen en casi todos los parásitos órganos fijadores para adherirse al huésped.

[3] Dadas las dificultades con que ha de tropezar para encontrar el huésped adecuado, el parásito aumenta extraordinariamente sus facultades reproductoras, produciendo gran cantidad de gérmenes con la finalidad de que alguno encuentre al huésped y se desarrolle. Por otra parte, dada la dificultad del encuentro entre los dos sexos, por la pérdida de movilidad y las condiciones especiales en que se desarrolla la vida de los parásitos, éstos son frecuentemente hermafroditas, estando los dos sexos reunidos en un mismo individuo, con lo que la reproducción queda enormemente asegurada.

ANDRÉS DE HARO: *El mundo orgánico.*
Martín Casanovas, editor.

- Subraya correctamente el texto.
- Señala en el margen las ideas y justifica el modo de organización.
- Realiza un resumen de seis u ocho líneas.

3.4 Exposición en forma inductiva

30 Cuando al exponer un tema se comienza por los casos particulares para llegar a una conclusión de carácter general, la organización del discurso es inductiva o sintetizante.
Se sigue este esquema:

CASOS PARTICULARES (EJEMPLOS) → CONCLUSIÓN (IDEA GENERAL)

- Lee con atención y escribe en el margen el desarrollo de las ideas.

¿A qué distancia estás de una tormenta?

[1] Si entras a una habitación oscura, te frotas los pies contra la alfombra y tocas el picaporte de una puerta, saltará una chispa que no es, ni más, ni menos, que la reproducción de un minirrelámpago. Un relámpago es una explosión de luz en el cielo que se origina por una chispa eléctrica que salta entre nubes de tormenta, o bien entre una nube y el suelo.

[2] Nadie sabe exactamente por qué las nubes de tormenta producen descargas eléctricas, pero la mayoría de los científicos creen que este fenómeno está íntimamente ligado con la altura a la que se encuentran las nubes de tormenta.

[3] En efecto, estas nubes son mucho más grandes que las nubes de lluvia comunes. Cuando una nube cargada de electricidad se acerca a otra de carga contraria, o desciende muy cerca del suelo, puede saltar una inmensa chispa entre las dos. Como el aire es un buen aislante, la chispa tiene que llevar mucha energía para poderlo atravesar. Un solo relámpago contiene más de quince millones de voltios y puede medir ¡hasta trece kilómetros de largo! En su recorrido, el relámpago calienta el aire que atraviesa y, por consiguiente, lo dilata y lo hace chocar contra el aire frío que lo rodea.

[4] La sacudida produce el ruido que reconocemos como trueno. Como las ondas luminosas viajan a más velocidad que las ondas sonoras, vemos primero el relámpago y después oímos el trueno. Este fenómeno nos permite calcular a qué distancia se encuentra la tormenta.

[5] Se necesita un poco más de tres segundos para que el sonido recorra un kilómetro; por lo tanto, para saber a qué distancia está la tormenta, debes contar el tiempo desde que veas el relámpago hasta que oigas el trueno y dividir entre tres para calcular la distancia, en kilómetros, que te separa de la tormenta.

JACQUES GOLDSTYN: *La pandilla científica.*
Ed. Alhambra Mexicana.

- Resume el texto en seis líneas.

31

El empleo de la organización inductiva o deductiva depende de la persona que habla o escribe. Observa cómo una misma información puede presentarse con una u otra forma de estructura.

A

La vista engaña

[1] ¡Vamos a ver! ¿Qué crees, que esta escalera está en el techo o está en el suelo, te engaña la vista? No, el culpable es tu cerebro.

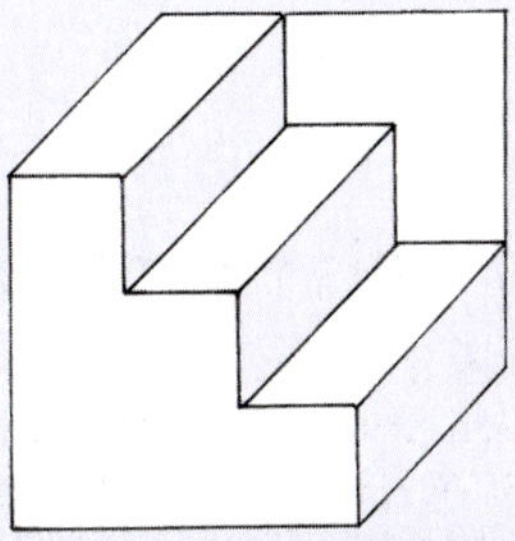

[2] Así como tuviste que aprender a leer, a descifrar esos signos llamados letras, así en un cierto momento te viste obligado a aprender a ver, es decir, a interpretar los rayos luminosos que llegan a tus ojos. Una vez que el cerebro aprende las «reglas» de la vista (por ejemplo, que cuanto más se alejan las cosas, más pequeñas nos parecen), aplica las mismas reglas para interpretar todo lo que tú ves.

[3] Cuando un objeto infringe las reglas o cuando puede interpretarse de varias maneras, nuestro cerebro puede darnos una información falsa o confusa. Se trata del fenómeno llamado *ilusión óptica.*

[4] Si mantienes la vista fija sobre la escalera de la izquierda, tendrás la impresión de que ¡de repente se invierte! El muro de atrás se convierte en el de adelante, y verás que la escalera está suspendida del techo. Este fenómeno se explica porque el dibujo proporciona una información que sugiere dos interpretaciones, y el cerebro no logra escoger la definitiva. Salta continuamente de una interpretación a otra.

[5] Vamos a ver otros ejemplos del mismo género, y después de observarlos, quizá acabes por pensar que ves más con tu cerebro que con tus ojos..., ¡y tienes razón!

[6] Este sombrero, ¿te parece más alto que ancho? ¡Claro que sí! Pero para desengañarte, toma una regla y mídelo.

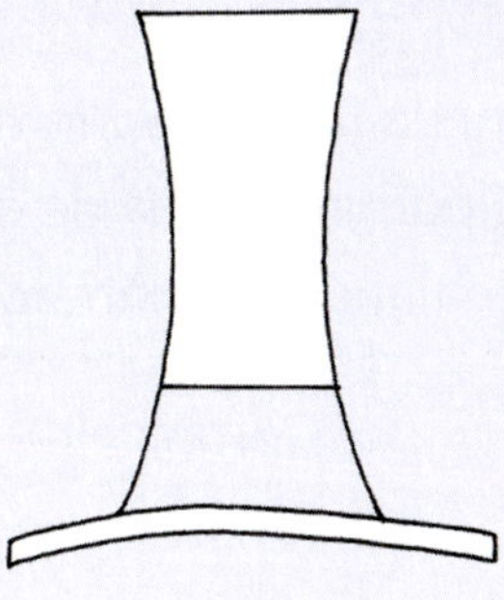

[7] ¿Estará bizco nuestro dibujante? ¡Le pedimos que dibujara dos cuadrados!

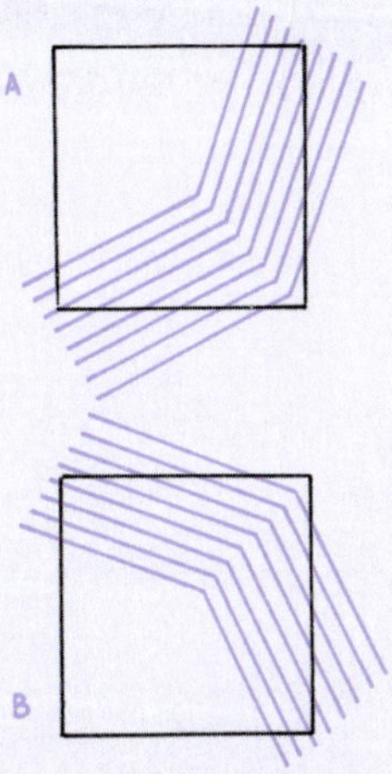

[8] ¿Son paralelas las líneas AB y CD?

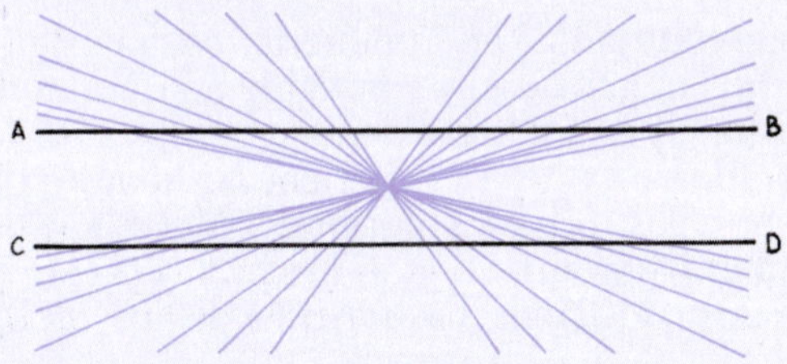

[9] ¿Son iguales los círculos del centro?

[10] ¿Qué línea es más larga?

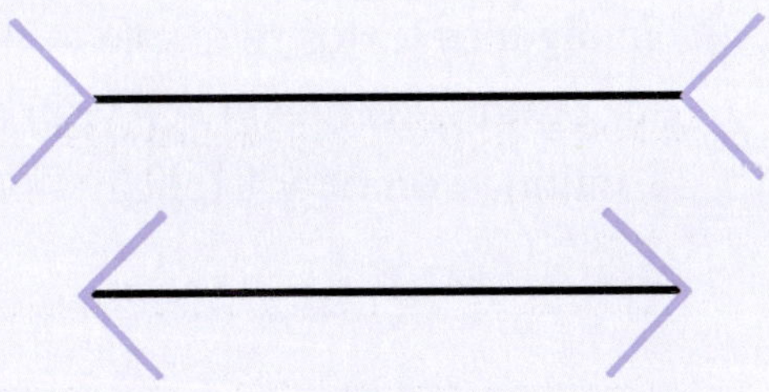

JACQUES GOLDSTYN: *La pandilla científica.* Ed. Alhambra Mexicana.

B

Ilusiones ópticas

Se llama ilusiones ópticas a los dibujos que engañan a la vista. No sólo resultan fascinantes, sino que además proporcionan el material para excelentes pasatiempos. Se dice que ver es creer. ¿Pero se puede creer siempre en lo que se ve? El próximo grupo de pasatiempos pondrá a prueba tu fe. Pero voy a confiarte un secreto. No es el ojo el único que se equivoca a causa de los dibujos. El cerebro participa también en el engaño. Vemos lo que he-

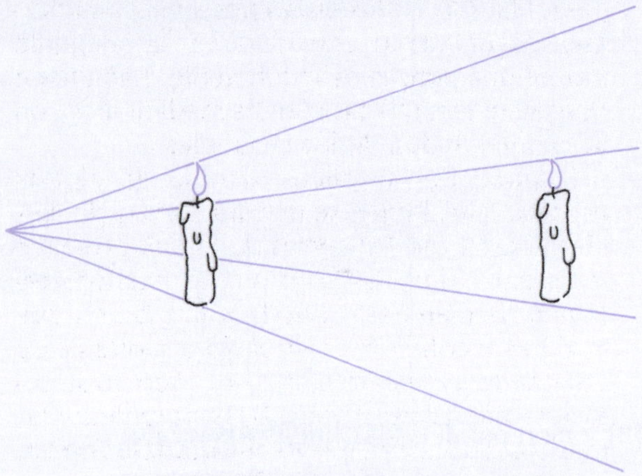

mos aprendido a ver. Tan fuerte resulta este hábito que nos negamos a ver la evidencia que tenemos ante los ojos. En lugar de eso, vemos sólo lo que coincide con nuestra experiencia. Añadiré que tal vez no veas todas las ilusiones. Algunas no darán resultado contigo. En gran medida depende de tus «hábitos» visuales. La mayoría de los dibujos te desconcertarán. No mires las soluciones hasta haber comprobado las ilusiones con una regla.

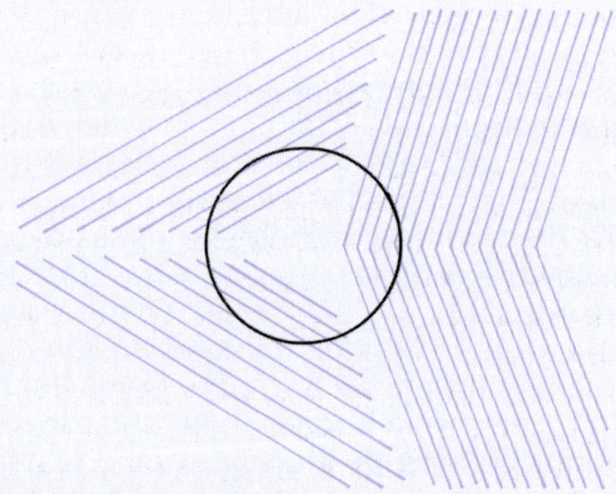

SOLUCIÓN. Las velas son de igual tamaño; e igualmente los guardias. El círculo parece mágico porque se ve deformado.

MICHAEL HOLT: *Matemáticas recreativas 2.* Eds. Martínez Roca.

- Explica la estructura empleada en el texto «Ilusiones ópticas».

....

....

- En algunos textos se emplean de manera interrelacionada una y otra forma de estructura. Así ocurre en el texto «La vista engaña». Se comienza por una forma de organización y se continúa con otra. Explica la progresión temática, señalando los párrafos.

....

....

....

....

....

32 PARA HACER EN TU CUADERNO. Lee con atención los textos siguientes, que tratan sobre las propiedades del texto, y explica la forma de organización. A continuación, elige uno de ellos, lo resumes como si fuera una pregunta de un examen y lo redactas empleando otra forma de organización distinta: si es inductiva, de manera deductiva; y si es deductiva, lo expones en forma inductiva.

A

La adecuación

La adecuación es la propiedad del texto que determina la variedad dialectal, el registro de habla, el uso oral o escrito y el carácter formal o informal, objetivo o subjetivo, apropiado a cada situación. Este uso viene determinado por:

- La relación entre los interlocutores: amistad, profesional, académica... Así, palabras como *¡mierda!* y *gilipollas* en un ambiente de amistad o familiar son inadecuadas en un ambiente académico y se dirá *¡caramba!* y *estúpido*.
- El uso adecuado de la norma dialectal: así, será apropiado que un malagueño emplee la variedad andaluza, pero inadecuado que intente un zamorano expresarse en esta variedad del idioma cuando habla con un sevillano.
- El canal oral o escrito da lugar a modos diferentes de emplear la lengua. Cuando alguien habla con estructuras propias de la lengua escrita, se dice que habla como si leyera.
- La intención comunicativa determina que si queremos informar a alguien seamos objetivos; y si lo que pretendemos es persuadirle, seamos subjetivos y parciales.

B

La coherencia

Si asistes a una conferencia *sobre las plantas medicinales* y en el coloquio final un asistente pregunta: *Oiga, ¿los españoles somos machistas?,* seguramente considerarías la pregunta inoportuna porque es incoherente: nada tiene que ver el tema de las plantas medicinales con tal particularidad de los españoles.

Igualmente, has dicho u oído en alguna ocasión que alguien *se enrolla como una persiana, se va por los cerros de Úbeda* o que *se le cruzan los cables.* Todas estas expresiones ponen de manifiesto que la información que se da es incoherente o irrelevante, que no se selecciona convenientemente o que no se organiza conforme se espera en la comunicación (presentación, desarrollo, conclusiones).

La coherencia es la propiedad del texto que permite afirmar que tiene unidad de significado, es decir, que habla de las mismas cosas, o de cosas que se relacionan entre sí.

G. HERNÁNDEZ y J. M. CABRALES: *Lengua Castellana y Literatura.* Bachillerato 1.º. Ed. SGEL.

3.5 Tomar apuntes

33 La mayor parte de la información que recibimos, tanto en la vida ordinaria como en el colegio o instituto y en el mundo laboral, se realiza a través de la lengua hablada. Por ello, deben dominarse unas técnicas que han de convertirse en habituales en la práctica diaria:

Saber escuchar	Estructurar y retener	Valorar la información
Se debe prestar atención a todo mensaje y esforzarse en su comprensión con talante abierto y tolerante.	Hay que detectar la temática del discurso, así como el desarrollo en la exposición de las ideas.	Contrastar la información para deducir conclusiones propias y personales.

La técnica de tomar apuntes se puede realizar tanto sobre textos orales como en textos escritos. Al tomar apuntes se selecciona la información, se reelabora y se reorganiza de forma personalizada, por lo que se facilita el aprendizaje.

Hay distintos tipos de apuntes:

- Mediante listas de palabras claves: se enumeran las palabras sin más conexión que la que proporciona el contexto.
- Pequeñas frases cortas: muy útiles cuando el estudio se va a realizar pasado algún tiempo.
- Sencillos resúmenes, esquemas y diagramas.

Pero lo más útil es emplear distintas formas a la vez y, sobre todo, utilizar la más apropiada, teniendo en cuenta el tipo de organización temática del texto.

Lee y observa las notas (los apuntes) realizados por un periodista sobre el informe «Operación talento», basado en una investigación sobre escolares de la comunidad de Madrid.

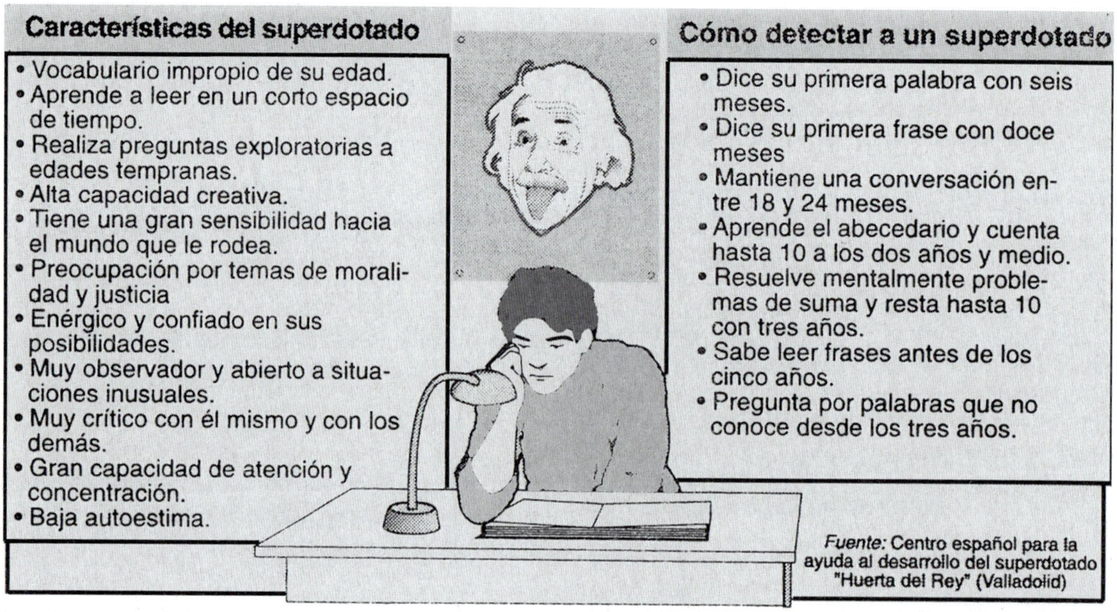

Diario *ABC.*

Para tomar bien los apuntes, sigue estos pasos:

- Recuerda que todo texto tiene una estructura, un esquema de ideas, que tienes que descubrir y anotar.
- Si te es posible, lee previamente la lección o infórmate del tema de la explicación.
- Al escuchar, pregunta los conceptos que no entiendas; y, al leer, consulta diccionarios o enciclopedias.
- Copia textualmente sólo las definiciones, las fórmulas, los nombres propios, las palabras técnicas, las clasificaciones y los gráficos.
- No copies las anécdotas, ejemplos, o digresiones que hace el profesor para amenizar la clase.

Emplea abreviaturas o siglas para las palabras de uso más frecuente:

igual	=	menor	–	fácilmente	fácilte.
más que	>	que	q.	por ejemplo	xej.
menos que	<	porque	xq.	página	p.
mayor	+	siglo	s.	número	núm. o n.º
equivale	$\simeq$	hombre	h.	y otras personales que tú crees.	

Lee con atención el texto siguiente.

¿Qué es la filosofía?

[1] Querida Sofía. Muchas personas tienen distintos hobbies. Unas coleccionan monedas antiguas o sellos, a otras les gustan las labores, y otras emplean la mayor parte de su tiempo libre en la práctica de algún deporte.

[2] A muchas les gusta también la lectura. Pero lo que leemos es muy variado. Unos leen sólo periódicos o cómics, a algunos les gustan las novelas, y otros prefieren libros sobre distintos temas, tales como la astronomía, la fauna o los inventos tecnológicos.

[3] Aunque a mí me interesen los caballos o las piedras preciosas, no puedo exigir que todos los demás tengan los mismos intereses que yo. Si sigo con gran interés todas las emisiones deportivas en la televisión, tengo que tolerar que otros opinen que el deporte es aburrido.

[4] ¿Hay, no obstante, algo que debería interesar a todo el mundo? ¿Existe algo que concierna a todos los seres humanos, independientemente de quiénes sean o de en qué parte del mundo vivan? Sí, querida Sofía, hay algunas cuestiones que deberían interesar a todo el mundo. Sobre esas cuestiones trata este curso.

[5] ¿Qué es lo más importante en la vida? Si preguntamos a una persona que se encuentra en el límite del hambre, la respuesta será comida. Si dirigimos la misma pregunta a alguien que tiene frío, la respuesta será calor. Y si preguntamos a una persona que se siente sola, la respuesta seguramente será estar con otras personas.

[6] Pero con todas esas necesidades cubiertas, ¿hay todavía algo que todo el mundo necesite? Los filósofos opinan que sí. Opinan que el ser humano no vive sólo de pan. Es evidente que todo el mundo necesita comer. Todo el mundo necesita también amor y cuidados. Pero aún hay algo más que todo el mundo necesita. Necesitamos encontrar una respuesta a quiénes somos y por qué vivimos.

[7] Interesarse por el por qué vivimos no es, por lo tanto, un interés tan fortuito o tan casual como, por ejemplo, coleccionar sellos. Quien se interesa por cuestiones de ese tipo está preocupado por algo que ha interesado a los seres humanos desde que viven en este planeta. El cómo ha nacido el universo, el planeta y la vida aquí, son preguntas más grandes y más importantes que quién ganó más medallas de oro en los últimos juegos olímpicos de invierno.

[8] La mejor manera de aproximarse a la filosofía es plantear algunas preguntas filosóficas: ¿Cómo se creó el mundo? ¿Existe alguna voluntad o intención detrás de lo que sucede? ¿Hay otra vida después de la muerte? ¿Cómo podemos solucionar problemas de ese tipo? Y, ante todo: ¿cómo debemos vivir?

[9] En todas las épocas, los seres humanos se han hecho preguntas de este tipo. No se conoce ninguna cultura que no se haya preocupado por saber quiénes son los seres humanos y de dónde procede el mundo.

[10] En realidad, no son tantas las preguntas filosóficas que podemos hacernos. Ya hemos formulado algunas de las más importantes. No obstante, la historia nos muestra muchas respuestas diferentes a cada una de las preguntas que nos hemos hecho.

[11] Vemos, pues, que resulta más fácil hacerse preguntas filosóficas que contestarlas.

JOSTEIN GAARDER: *El mundo de Sofía.* Ed. Siruela.

Este texto sigue una estructura inductiva con cuatro partes importantes: la primera incluiría los tres primeros párrafos; la segunda, los párrafos [4] a [7]; la tercera, los párrafos [8] y [9]; y la cuarta, hasta el final. Intenta resumir las ideas principales y expónlas en la forma habitual en que tomas apuntes.

....

....

....

....

....

....

....

3.6 Organización de encuadre

34 En la exposición, a veces, se comienza enunciando una idea general, el planteamiento de un problema, etcétera; a continuación, mediante uno o varios ejemplos, se intenta demostrar esa idea; finalmente, se llega a una conclusión, que confirma o rechaza el planteamiento inicial. Este tipo de organización recibe el nombre de **encuadre** o **circular**.

Es, pues, una simbiosis del método deductivo e inductivo, y sigue este esquema:

PLANTEAMIENTO INICIAL → EJEMPLIFICACIÓN (DEMOSTRACIÓN) → CONCLUSIÓN

- Lee con atención.

El problema del viajero

Por lo demás, hay un montón de problemas que parecen casi tan sencillos como 1 + 1 = 2, y, sin embargo, es horriblemente difícil resolverlos. Por ejemplo, una gira. Imagina que viajas a América y allí tienes veinticinco conocidos. Cada uno de ellos vive en una ciudad distinta, y tú quieres visitarlos a todos. Ahora coges el mapa y piensas en cuál es la mejor manera. Los menos kilómetros posibles, para que no necesites tanto tiempo y tanta gasolina para el coche. ¿Cuál es la ruta más corta? ¿Cómo podrás encontrarla?

Suena sencillo, ¿no? Pero te puedo asegurar que muchos se han roto la cabeza con ese problema. Los más astutos diablos de los números han intentado abrir esa nuez, pero nadie lo ha conseguido del todo.

—¿Cómo es posible? —se asombró Robert—. ¡No puede ser tan difícil! Pensaré en cuántas posibilidades hay. Las dibujaré en mi mapa y luego calcularé cuál es la más corta.

—Sí —dijo el anciano—. Por así decirlo, te harás una red con veinticinco nudos.

—Naturalmente, si quiero visitar a dos amigos, sólo hay una ruta, de A a B:

A ——————————— B

—Dos. También podrías viajar a la inversa, de B a A.

—El resultado es el mismo —dijo Robert.

—¿Y si son tres amigos?

—Entonces ya hay seis posibilidades:

A → B → C
A → C → B
B → A → C
B → C → A
C → A → B
C → B → A

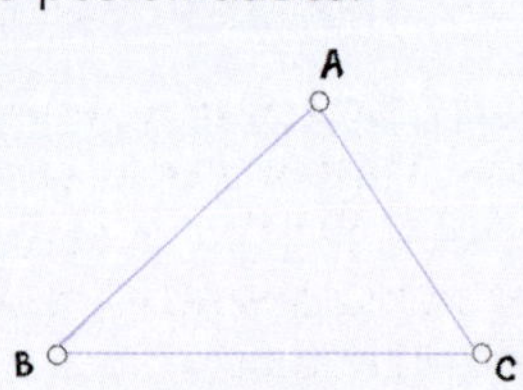

Por lo demás, todas esas rutas son igual de largas. Pero con cuatro empieza ya el tormento de la duda:

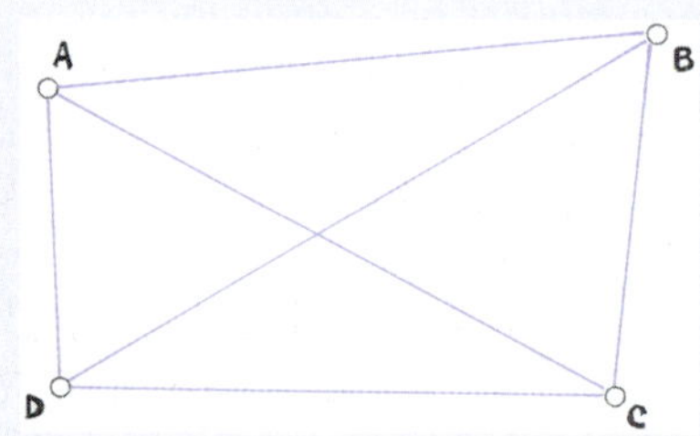

—Sí —dijo Robert—, pero no me apetece contar todas esas rutas.

—Son exactamente veinticuatro —dijo el diablo de los números—. Me temo que pasa más o menos como con el orden de los asientos de vuestra clase. Ya sabes el jaleo que hubo con Albert, Bettina, Charlie y los otros porque había tantas posibilidades distintas de sentarse en los bancos.

—¡Un caso claro! —Robert sabía cómo resolverlo—. Con tres alumnos, ¡tres pum!; con cuatro alumnos, ¡cuatro pum!, etc.

—Exactamente igual que en tu gira.

—¿Dónde está entonces el problema irresoluble? Sólo tengo que calcular cuántas rutas hay, y escoger entre ellas la más corta.

—¡Já! —gritó el anciano— ¡Si fuera tan fácil! Pero con 25 amigos tienes ya ¡25 pum! posibilidades, y ésa es una cifra espantosamente grande. Más o menos

1 600 000 000 000 000 000 000 000 0

Es imposible probarlas todas para saber cuál es la más corta. Incluso utilizando el mayor de los ordenadores, jamás llegarías al final.

HANS MAGNUS ENZENSBERGER: *El diablo de los números.* Ed. Siruela.

- El libro *El diablo de los números* pretende divulgar el pensamiento matemático; por eso, trata de obviar el empleo de tecnicismos que quizá conozcas: es un problema de permutaciones. El método de resolverlo es aplicando una sencilla fórmula matemática: Así, cuando se trata de tres elementos es $3 \times 2 = 6$; y de cuatro elementos: $4 \times 3 \times 2 = 24$.
- Comprueba con una buena calculadora el resultado para 25 elementos.
- Con independencia de que hayas estudiado las permutaciones, debes haber entendido el propósito del autor, expuesto en la introducción y en la conclusión final. Redacta de manera sintética el planteamiento inicial del problema y la conclusión y explica las semejanzas y diferencias entre ellos.

....

....

....

....

3.7 El tema y el título

35 Para resumir el contenido de un texto, debe responderse a la pregunta **qué dice el texto**; el tema es la formulación breve y clara que responde a la pregunta **de qué trata el texto**. La respuesta es generalmente un sustantivo abstracto complementado con un adjetivo o nombre para precisarlo: el amor adolescente, la muerte por sobredosis, el respeto a los animales....

Puedes llegar a identificar el tema formulándote alguna de las siguientes preguntas: ¿Qué dice el texto? o ¿qué pretende decir el autor?; ¿Por qué lo dice?; ¿Para qué lo dice? Elige, de manera razonada, cuál es el tema del texto:

a) *La dificultad de resolver problemas aparentemente sencillos.*
b) *La falta de tecnología para resolver algunos problemas.*
c) *El problema del viajero es muy difícil de resolver sin un buen ordenador.*

....

....

36 Un título es una palabra o frase breve con que se da a conocer el asunto o materia de un libro, de un capítulo o de cualquier otro texto. El autor elige el título por muy diversos motivos: quiere anticipar contenidos, insinuar la idea central, dar relevancia a un personaje o a una situación, intrigar al lector, etc.; sin embargo, en los textos expositivos y argumentativos se trata de enunciar de forma sintética la idea central del texto o la tesis del autor.

La redacción del título ha de ajustarse a las siguientes normas:

- Debe sintetizar la idea central, el tema del texto.
- Ha de ser breve: no sobrepasará las seis u ocho palabras.
- La frase del título evitará en lo posible el empleo de verbos. En su lugar se utilizarán los dos puntos y la frase nominal con el verbo omitido.
- Se recomienda empezar su formulación por un sustantivo abstracto, seguido posteriormente de complementos.

- Elige otro título para el texto anterior y justifica su elección.

....

3.8 Organización en paralelo

37 En muchas ocasiones la información se ofrece de manera que después de presentar el tema o un concepto, a continuación se amplía la información por apartados. Es el modo habitual de organizar la información en manuales de estudio, enciclopedias y en los reportajes periodísticos.

Así, en manuales de Literatura y de Física encontrarás temas con la siguiente estructura:

Poetas de la Generación del 27	Lorca Alberti Dámaso Alonso Gerardo Diego ....

Máquinas simples	Polea Plano inclinado Palanca.

En muchos casos, se alterna esta forma de organización con la deductiva o inductiva, pero lo que predomina en la estructura paralelística es la autonomía de los contenidos que se presentan en cada uno de los apartados.

- Lee con atención.

Criaderos de peces

Ya conocemos el mundo de las algas. Entremos ahora en el reino de las granjas marinas de cría de peces. Los países asiáticos van a la cabeza. Fundamentalmente crían dos especies de peces herbívoros: el mújol y el chano chanos, cuya alimentación a base de algas y residuos vegetales es muy económica.

Pastores de peces herbívoros

En los mares de Filipinas y Formosa se pescan peces jóvenes, *alevines,* que luego son llevados a unos estanques cuyas aguas se renuevan al subir la marea. Estos estanques están enriquecidos con desperdicios de toda clase. El resultado es asombroso: récord del mundo en la cría artificial de peces. ¡Más de doscientos millones de kilos de peces al año!

Las cálidas aguas de las costas mediterráneas permiten criar los mújoles del mismo modo. Pero lo que pasa es que no nos gusta su carne. Preferimos la de los peces carnívoros, mucho más costosos de alimentar. [...]

Un pez muy voraz

En las costas mediterráneas de España, Francia e Italia los granjeros marinos crían especialmente la lubina, llamada en algunos países, por su voracidad, «lobo de mar». (La palabra española *lubina* es el diminutivo de la palabra latina *lupa,* que significa loba.) A estos voraces peces les gusta el agua turbia y agitada, donde cazan cangrejos, quisquillas, sardinas. Llegan a vivir veinte años y alcanzan un metro de largo y doce kilos de peso. Los criadores sólo las alimentan durante dos o tres años, hasta que miden unos treinta centímetros, justo el tamaño de una ración, el tamaño de un plato.

Imaginémonos la vida de las lubinas criadas artificialmente en una granja moderna. En cuanto las larvas (4 mm) pueden abrir la boca, son alimentadas con minúsculas presas vivas, criadas en la misma granja. Nada más crecer un poco, les dan larvas de quisquillas. Al mes de este régimen, las pequeñas lubinas alcanzan la respetable medida de un centímetro y ya están preparadas para devorarse entre sí.

En efecto, se han convertido en unos verdaderos caníbales. Para evitar un desastre, hay que separarlas: las grandes en una cubeta, una especie de bañera grande de plástico; las pequeñas, en otra. Tienen que acostumbrarse a no comer presas vivas y que se muevan: tan sólo los gránulos inmóviles. Al acabar este *destete,* los alevines de lubina se habrán habituado a esta comida especial, y desde entonces serán alimentados en las granjas marinas, hasta el momento de ser vendidos.

Salmones de aguas frías

Los salmones son unos hermosos peces muy sabrosos, reservados tradicionalmente para las comidas importantes. Sin embargo, especialistas del mundo entero estudian desde hace tiempo sus curiosas costumbres, para criarlos en grandes cantidades y abaratarlos.

Los salmones tienen una vida muy particular. Los adultos viven en el mar, pero, para reproducirse, vuelven unos años después a las aguas dulces y frías del río en que nacieron. Aunque nos parezca extraño, recuerdan el olor del lugar donde nacieron, el olor de las rocas, del limo, etcétera. Este *radar oloroso* les ayuda a orientarse hasta el lugar preciso donde las hembras depositan sus huevos en racimos opacos, como las grosellas.

Los huevos pasan el invierno enterrados en las arenas. En verano ya han nacido las larvas y se alimentan de insectos acuáticos y de residuos. En la primavera siguiente, los alevines empiezan a bajar hacia el mar. Ello comporta una serie de peligros, ya que sus cuerpos deben habituarse al agua salada. Vivirán en el mar, y dos o tres años después, guiados por su olfato, los salmones remontarán el arroyo en que nacieron y en el que pasaron su infancia.

En las granjas de salmones, los alevines engordan en agua dulce muy deprisa. Son cebados con gránulos y se los mantiene en agua a temperatura de 10 °C, con corrientes y remolinos parecidos a los de los ríos. Después, colocados en el mar en unas jaulas especiales, se adaptan al agua salada dos veces más rápidamente que si viviesen en estado salvaje.

Estados Unidos, Dinamarca y Noruega producen cada año millones de kilos de salmones criados artificialmente.

Como a los salmones les gustan las aguas frías, unos biólogos han aprovechado esta afición en un experimento iniciado en islas francesas de Kerguelen, cerca de la Antártida: han *sembrado* de salmones los arroyos helados de las islas. Una vez que estén bien impregnados del olor de las aguas de su infancia, los soltarán en el mar, donde engordarán gratis, sin coste alguno para los criadores. Confían en repescarlos al cabo de unos años, cuando regresen a su río. Este sistema de *pastoreo marino* se utiliza mucho en Estados Unidos.

En cuanto a los soviéticos, calculan que, para el año 2000, soltarán en el mar, de la misma forma, ¡tres mil millones de salmones cada año!

PIERRE AVÉROUS: *Granjas en el mar.* Ed. SM.

- Para captar estos conocimientos debes, en primer lugar, adquirir una visión general, comprendiendo los grandes apartados: *peces herbívoros (mújoles, chano chanos), lubina, salmón.*
- Después debes descubrir las constantes que se repiten en cada apartado:
  - Países que los crían.
  - Modo de criarlos.
  - Importancia económica de su producción.
- Procede a subrayar el texto haciendo especial hincapié en la información referida a cada uno de los aspectos anteriores.
- Sintetiza la información utilizando la técnica del resumen. Observa cómo puedes empezar:

Peces herbívoros, como mújoles y chano chanos, se crían en los mares de Filipinas y Formosa y en las costas mediterráneas. Se pescan peces jóvenes, alevines, luego se introducen en estanques cercanos al mar para que las aguas se renueven al subir la marea y se alimentan con toda clase de desperdicios. Producción: más de doscientos millones de kilos al año.

....

....

....

....

....

....

....

....

3.9 Esquemas y diagramas

38 El esquema y el diagrama son técnicas de estudio que consisten en exponer gráficamente las ideas de un texto de manera que se perciban visualmente las relaciones existentes entre ellas, con el fin de facilitar su estudio y repaso posterior.

Son recursos imprescindibles cuando la materia de estudio es amplia o de difícil comprensión. La realización de esquemas y diagramas supone estudiar activamente, lo cual facilita la comprensión del texto. A través de esquemas y diagramas es posible resumir el contenido completo del curso de algunas materias, lo cual lo convierte en un recurso valiosísimo para el repaso.

El esquema. Para realizar correctamente un esquema, debes tener en cuenta estas consideraciones:

- Lee atentamente el texto para adquirir una visión de conjunto de su contenido.
- Subráyalo, pero sólo las palabras claves que destaquen las ideas principales.
- Distingue las ideas principales de las secundarias y comprende la jerarquización que existe entre ellas: la estructura del texto.
- Expón de manera gráfica esas ideas empleando signos que faciliten su comprensión: números, letras, guiones, puntos, distintos tipos de letras, etc.
- Emplea frases cortas, un lenguaje casi telegráfico.

● Realiza un esquema del texto **Criaderos de peces**.

Géneros literarios
- narrativos
  - poema épico
  - novela
  - cuento
- líricos
  - oda
  - canción
  - elegía
- teatro
  - tragedia
  - comedia
  - drama
- ensayo
  - ......

Criaderos de peces:

1. Herbívoros

   1.1. Se producen: ....

   1.2. Se crían: ....

   1.3. Producción: ....

2. La lubina

   ....

   ....

   ....

....

   ....

   ....

   ....

39 **Diagrama**. Es una forma de esquema donde se representan las relaciones entre varias palabras clave o frases breves. Se llaman también redes semánticas o mapas conceptuales por su disposición gráfica sobre el papel.

Hay varios modos de organizar las ideas en forma de diagrama, pero dos son los más usuales: diagramas en árbol y diagramas radiales. Observa los siguientes modelos:

DIAGRAMA EN ÁRBOL

Las ideas aparecen estructuradas de manera jerárquica.

DIAGRAMA RADIAL

El título o concepto principal aparece en el centro y las frases o palabras claves se relacionan, unidas a él, mediante arcos. En la actividad 14 hemos representado también de esta forma los factores que intervienen en el éxito académico.

- En los medios de comunicación emplean el diagrama para facilitar la comprensión. Lee y observa:

  Escribe un diagrama en árbol con los datos del reportaje.

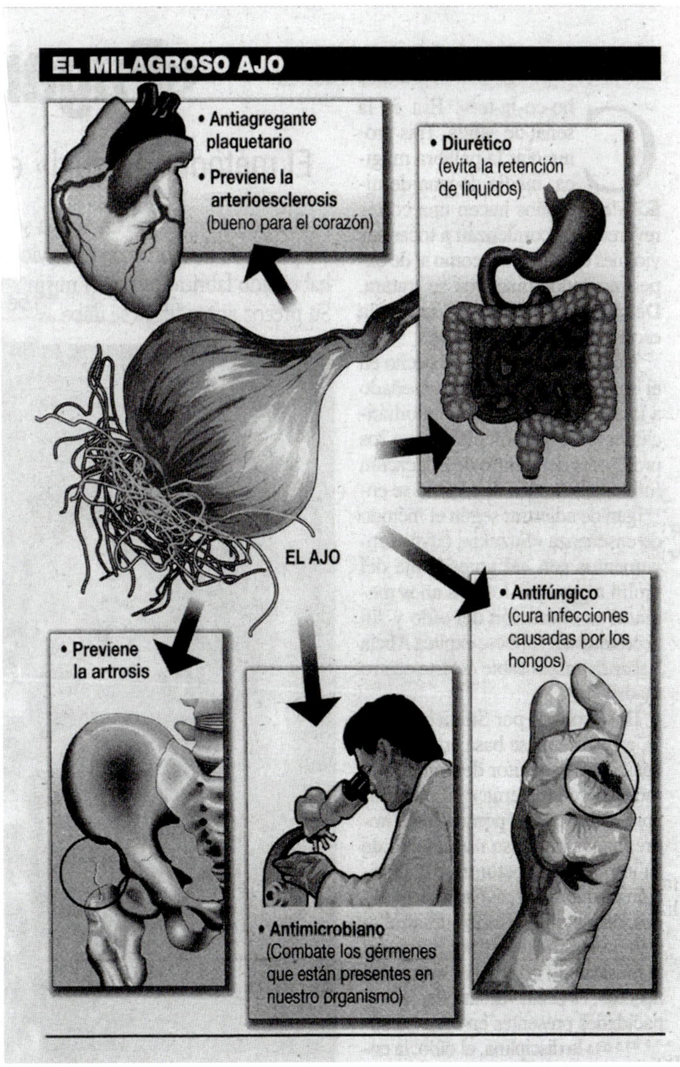

LA RAZÓN.

40 PARA HACER EN TU CUADERNO. Escribe un diagrama sobre el texto «Criaderos de peces».

4 Exposición en forma descriptiva

41 La exposición se realiza con frecuencia por medio de descripciones de seres u objetos.

- Las enciclopedias, los manuales de ciencias naturales y de geografía y revistas especializadas (coches, motos, mascotas...) contienen descripciones del mundo animal y vegetal, del entorno geográfico y de los objetos producidos por la técnica, con la finalidad de ampliar nuestros conocimientos sobre un determinado tema.
- Las guías turísticas y revistas de viajes describen poblaciones, monumentos, paisajes y rutas con el fin de orientar al viajero sobre los lugares de mayor interés.
- Los periódicos incluyen reportajes y entrevistas con descripciones de personas, ambientes, paisajes naturales y urbanos, etcétera, para hacer más interesante y emotiva la lectura.

En estos casos, la descripción tiene una finalidad práctica de informar y se denomina **técnica** u **objetiva**, frente a la descripción **literaria** que aparece en poemas, cuentos, novelas y obras de teatro, que tiene la finalidad de producir placer y goce estético en el lector.

4.1 Descripción de seres u objetos

42 Como sabes, se puede describir todo tipo de objetos materiales (personas, animales, cosas...) y objetos inmateriales (sentimientos, ideas, doctrinas...). Aquí vas a trabajar la descripción de seres materiales.

- Lee con atención.

CAMELLO, A n. (latín *camellum*, del griego *kamelos*). Artiodáctilo tilópodo, de grandes proporciones, con una o dos gibas en la espalda y adaptado a la vida de las regiones áridas.

Existen dos especies de camellos. El *camello dromedario* tiene una giba y es uno de los mamíferos de mayor tamaño (3 m de alt.); sólo lo superan el elefante y la jirafa. El tronco, voluminoso, está sostenido por unas patas muy largas y delgadas. La cabeza, pequeña, está unida a un cuello fuerte, flexible y capaz de una gran amplitud de movimientos. Las orejas son siempre diminutas, y los ojos, muy salientes y grandes. La giba es una gran reserva de grasa acumulada durante los períodos favorables y que es utilizada en los de penuria. En la planta de las patas posee una almohadilla ligeramente convexa, que envuelve y mantiene unidos los dedos, cubierta por una suela flexible: estas formaciones le permiten caminar por los terrenos arenosos sin hundirse. El pelambre está formado por abundantes y finos pelos, que alcanzan su máxima longitud en la nuca, y que muda en primavera. Las hembras en cada parto tienen una sola cría, y su vida media suele ser de 20 años, aunque pueden llegar a los 35. Se distinguen dos grandes grupos de razas: los destinados al acarreo de materiales o al laboreo, y los de montura. Suelen ser bastante dóciles y poseer buena memoria. Si comen hierba fresca, no necesitan beber y aguantan largo tiempo de ayuno. Están extendidos por Arabia, Norte de África, Canarias, Madagascar y ciertas localidades del Sur de Europa. El *camello bactriano* o *camello común* tiene como principal característica dos gibas, más aparentes y profundas que la del anterior; son más robustos y pesados y de patas más cortas. El pelaje, más abundante, actúa mucho mejor de protección contra el frío. Por lo demás, no se diferencian mucho del dromedario y se distinguen también dos grupos de razas: de carga y de montura. Son más dóciles que los anteriores y muy domables. Su distribución geográfica es bastante distinta de la de los dromedarios: viven en toda Asia central y pueden soportar el calor y los intensos fríos que reinan a 4.000 m de altura. Pero no soportan las enormes caminatas de la otra especie, ni tanto tiempo sin comer ni beber.

ENCICLOPEDIA *LAROUSSE* (Adaptación).

- Este texto tiene dos partes: definición e información sobre especies y razas. Distínguelas:

....

....

43

Estructura enumerativa y estructura de comparación-contraste. La estructura típica de la descripción consiste en presentar el objeto y, a continuación, enumerar sus características (cualidades, partes de que consta, función o finalidad...). La **estructura enumerativa**, es, por tanto, una variante de la estructura deductiva.

Pero, a veces, se presentan varios seres o distintas clases de una misma especie de seres, dando lugar a una **estructura de comparación** (información sobre caracteres comunes) y **contraste** (identificación de los rasgos que los diferencian). Completa el siguiente esquema sobre la información del texto anterior: EL CAMELLO.

A. Características comunes:

¿Cómo se reproducen? ....

....

¿Para qué los emplea el hombre? ....

....

¿Otras? ....

....

B. Especies: diferencias

Diferencias	Dromedario	Común o bactriano
• En su cuerpo		
• Dónde viven		
• Adaptación al medio		
• Carácter		

44

Explica ahora dónde has aplicado la estructura enumerativa y dónde la estructura de comparación-contraste.

....

....

4.2 Descripción de procesos

45 Un proceso está constituido por el conjunto de las fases sucesivas de un fenómeno, tarea o actividad. Podemos encontrar la descripción de procesos:

- En la vida ordinaria: utilizar instrucciones para manejar objetos, preparar guisos, rellenar impresos...
- En enciclopedias, manuales escolares y revistas de divulgación científica se describen procesos naturales (la circulación de la sangre, metamorfosis de algunos animales, etc.), se explica cómo funcionan diversos mecanismos (el motor de reacción) y se describe el proceso de fabricación de ciertos objetos (fabricación del papel, de la cerveza...).

● Lee con atención el texto siguiente.

Retrato robot de una erupción del Etna

¿Cómo se desarrolla una erupción? Para comprenderlo mejor, observa una olla. En el interior del cráter ocurre, más o menos, lo mismo en tres etapas: 1.° aumenta el calor; 2.°, la ebullición va acompañada del desbordamiento de los materiales en fusión; 3.°, una vez enfriados éstos, vuelve la calma.

1. Se anuncia la erupción

El volcán se agita. El subsuelo cruje. Violentas sacudidas recorren los costados del monstruo. Luego, el volcán se infla y se hincha. Imperceptiblemente, el suelo se levanta y dilata, a veces hasta romperse.

En el interior del volcán la temperatura sigue aumentando. Se desprenden fumarolas malolientes, es decir, columnas de humo de gases sulfurosos.

Con un ruido como de truenos, el suelo se parte en grandes grietas. Se forman unas bocas por las que el fuego brotará como de las fauces de un dragón.

2. Empieza la erupción

De los cráteres súbitamente reanimados brotan materiales en todas sus formas: bloques de rocas sólidas, lavas más o menos líquidas y gases.

Primeramente explota el volcán. Por efecto de la presión extraordinaria de los gases ardientes, el tapón de lava solidificado que cerraba el cráter salta y vuela hecho añicos. Penachos de humo se elevan silbando hasta 1.000 metros de altura.

Son gases cargados de cenizas y piedras. Las cenizas vuelven a caer al suelo en forma de lluvia negra. A veces, empujadas por el viento, llegan a la otra punta de Sicilia. Lluvias de piedras más o menos grandes acribillan las laderas del Etna y se amontonan alrededor de los cráteres. Las más grandes se llaman bombas; las medianas, escorias; las pequeñas, lapilli.

Una vez que han saltado los tapones, el volcán se desborda. Ya nada puede detener las lavas, líquidas o viscosas, que salen abundantemente. En la cumbre, su velocidad alcanza, o sobrepasa, los 50 kilómetros por hora. Las lavas vienen de las profundidades de la Tierra. Son rocas fundidas cuya temperatura es a veces superior a los 1.000 grados. En el momento de la expulsión, nada puede detener su carrera. Sin embargo, acabarán por enfriarse. Entonces, poco a poco, se van cuajando y solidificando.

Ciertas lavas se solidifican con bastante rapidez y se detienen antes de llegar a las regiones habitadas. Se amontonan y forman altos muros de 20 a 50 metros. Otras, más fluidas, siguen su temible descenso y a veces corren hasta el mar, destruyendo todo a su paso.

3. Acaba la erupción

Finalmente, disminuye la expulsión de lavas. Las explosiones se hacen cada vez menos frecuentes y finalmente cesan. El calor es menos fuerte. Lo único que queda todavía son algunas fumarolas. Las toneladas de desechos acumulados forman conos alrededor del cráter. Las bocas se apagan. Al parecer, todo vuelve a la normalidad.

Pero el volcán no ha dicho su última palabra. Hoy, la actividad del Etna se concentra especialmente en el cráter central. Mañana, sin duda, cambiará.

Éste suele ser el proceso de una erupción. Normalmente, en el Etna ésta puede durar varias semanas o varios meses. En otros volcanes la erupción puede durar sólo unos minutos o unas horas.

VALÉRIE MASSIGNON: *Historia de un volcán*. Ed. SM.

- Subraya las etapas en que se produce la erupción y señala tres aspectos importantes en cada una de ellas.

- El mejor modo de estudiar un proceso es sintetizarlo en forma de esquema. Observa y completa:

1.º Se anuncia la erupción ....
....
....

2.º ....
....
....
....

3.º ....
....
....
....

- En la exposición de un proceso se sigue una estructura **sucesiva** o **secuencial**. Explica en qué consiste este tipo de estructura.

....
....

46

Observa las siguientes ilustraciones, elige una de ellas y explica el proceso que representan. Debes emplear palabras y expresiones que señalen los distintos pasos: *en primer lugar, a continuación, después..., finalmente, por último.*

ESQUEMA DEL PROCESO DE ELABORACIÓN DEL AZÚCAR

ESQUEMA DE LAS FASES GENÉTICAS DE LA MARIPOSA

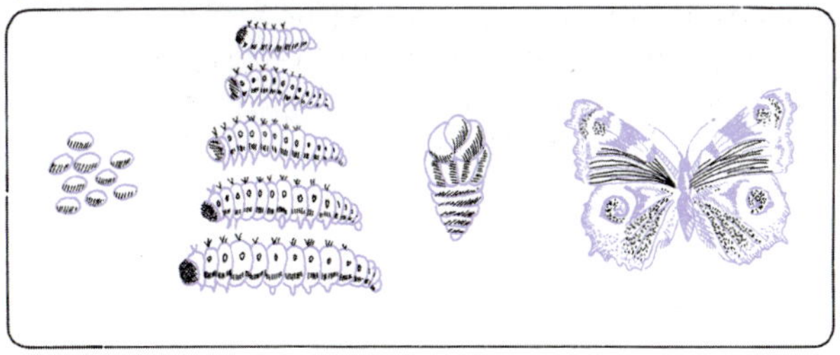

....
....
....
....
....
....
....
....
....
....
....
....
....
....

4.3 El texto de instrucciones

47 Los textos de instrucciones, o instruccionales, explican el modo de proceder para realizar alguna tarea o actividad. Así, por ejemplo, las recetas de cocina, los manuales de uso de un electrodoméstico, las guías de viajes o las explicaciones de las reglas de un juego. Estos textos no exponen conceptos o teorías, sino que ofrecen pautas para proceder adecuadamente en la realización de tareas.

Presentan una **estructura de secuencia**, al igual que la descripción de procesos. Lee con atención.

Esto sí que es un número de circo

Les proponemos un bonito juego con el que poder asombrar a sus amistades:

a) En el dibujo de la derecha, hemos representado la fecha de nacimiento de Cervantes: 9 de octubre de 1547. Si la reducimos a sus dígitos, la fecha quedará como 9-10-1547, lo que nos ofrece el número 9101547.

b) Ahora, construya otro número utilizando las mismas cifras, pero cambiándolas de lugar al azar. Por ejemplo, el 0154971.

c) Reste la cantidad menor a la mayor; así obtendrá 8946576.

d) Sume sucesivamente todas esas cifras y luego sume las cifras de la suma hasta que le quede un número de sólo una cifra, de la siguiente manera:

$8 + 9 + 4 + 6 + 5 + 7 + 6 = 45$
$4 + 5 = 9$

El resultado es 9.

Lo sorprendente es que, si realizamos las mismas operaciones con cualquier fecha de nacimiento, obtendremos el mismo resultado. ¿Quiere probar con la suya?

Al sumar todas las cifras de un número y luego las cifras del resultado hasta lograr una sola cifra, se obtiene la raíz digital de ese número. La raíz digital es el resto de la división de un número por 9 y es la base de la prueba del 9 que hacían nuestros abuelos para comprobar sus cálculos. Todos los números a los que se reste otro con las mismas cifras, pero desordenadas, dan una solución cuya raíz digital es 9.

Esta ley puede usarse para hacer un sorprendente truco de *mentalismo*:

a) Pida a un amigo que piense un número cualquiera, o que elija el número de un billete al azar.

b) Haga que fabrique otro número con las mismas cifras desordenadas y que reste el menor al mayor en un papel, mientras usted mantiene los ojos cerrados.

c) Ahora pida que su amigo tache una de las cifras de la solución de la resta que no sea cero; usted sigue sin mirar.

d) Dígale que le dé las cifras restantes.

e) Usted podrá adivinar la cifra tachada. Sume las restantes hasta conseguir un número de una sola cifra. Luego reste la cifra obtenida a 9. Aunque parezca mentira, el resultado es siempre, siempre, la cifra que su amigo ha tachado.

Créanos, gran parte de los trucos de magia los han inventado los matemáticos.

ENRIQUE GRACIÁN: *Muy Interesante.*

En esta exposición se enseñan dos trucos con los números, que tú vas a hacer a tu manera.

- Las instrucciones cumplen su finalidad informativa cuando se siguen paso a paso. Realiza el mismo problema con tu fecha de nacimiento, siguiendo en el desarrollo todos los pasos.

- Realiza el segundo truco empleando la numeración que aparece en un billete de lotería o de dinero que puedas localizar.

48 PARA HACER EN TU CUADERNO. Lee con atención estos textos.

ELEVACIONES DE PIERNA TUMBADO. **Trabajan los abductores (parte interna de la pierna) y los cuádriceps (parte delantera de la pierna).** 1. POSTURA. **Túmbese de lado con la cabeza apoyada sobre la mano. Para equilibrarse mejor apoye la otra mano delante de usted cruzando y doblando la pierna izquierda sobre la derecha. La pierna de abajo está ligeramente separada del suelo y el pie flexionado.** 2. MOVIMIENTO. **Levante la pierna de abajo hacia el techo lo más alto que pueda sin mover el resto del cuerpo. Vuelva a la posición inicial sin llegar a tocar el suelo con el pie. Repita varias veces y cambie de pierna. Controle la pierna al bajar (no la deje caer).**

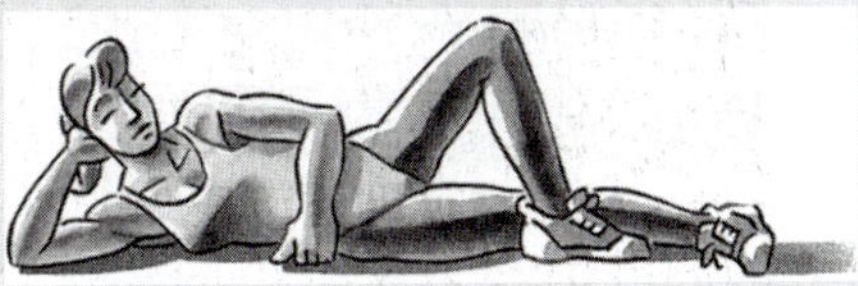

FERNANDO SARTORIUS. *La Revista (El Mundo).*

PEDRO ALMODÓVAR

Pisto manchego (de su madre)

Ingredientes para 6 personas:

1 kg de pimientos verdes, 1/2 kg de tomates, 1/4 de litro de aceite de oliva, sal.

Este pisto tiene la particularidad de no llevar calabacín ni cebolla. En una sartén grande de hierro se calienta el aceite. Sin que llegue a humear, se echan los pimientos *picaícos* y se dejan hacer sin que se tuesten, lentamente. Cuando están casi blandos, se añaden los tomates mondados, procurando que no se desperdicie el jugo. Se sigue haciendo todo, se sala y se procura remover con cuidado. Estará hecho cuando el tomate se vea que está, como si dijéramos, cocido en el aceite y en su propio jugo. Según la madre de Pedro, las gentes pudientes añaden «cuadradicos» de hígado de cerdo. Esto lo recuerda Pedro con añoranza.

Pedro Almodóvar nos revela algo imaginable: lo que más le gusta es la cocina de su tierra manchega y la comida de su madre.

BELÉN BARBERO. *La Revista* (El Mundo).

- Redacta dos textos en forma de instrucciones, imitando los anteriores:

  - Una receta del plato de cocina que más te gusta.
  - Desarrollo del ejercicio de Educación Física que mejor realizas.

4.4 La definición descriptiva

49 La definición consiste en la explicación del significado de una palabra o expresión. Tiene la función de delimitar con precisión lo definido, dando a conocer sus cualidades características, de manera que el objeto (persona, animal, cosa) o concepto (idea, sentimiento, emoción...) no pueda ser confundido con otro.

En los escritos expositivos se recurre frecuentemente a la definición para determinar qué es y cómo es un objeto —material o inmaterial—, de ahí que tenga casi siempre un matiz descriptivo.

- Lee con atención los textos siguientes:

Puente. Fábrica de piedra, ladrillo, cemento, madera o hierro que se construye y forma sobre los ríos, fosos y otros sitios para poder pasarlos.

Delante de la casa del tío Granizo hay un puentecillo de madera, hecho con dos raíles del tren atravesados y cubiertos de tablones, con su barandilla y todo, pintado de verde.

ARTURO BAREA: *La forja de un rebelde.*

Explica la diferencia entre la definición de "puente" y la descripción de uno en particular.

....

....

50 **Modos de definir**. Los procedimientos más usuales para definir son los siguientes:

- **Definición etimológica**. Es la que señala el origen histórico a través de la génesis del término; es decir, para definir "hidrología", se analizan primero los constituyentes del término, y se ve que está compuesto por dos formantes de origen griego: *hidro* ("agua") más *logos* ("estudio", "tratado"). A continuación, se afirma que la «hidrología es el estudio o tratado del agua».
- **Definición por sinonimia**. Consiste en identificar el significado de una palabra, sustituyéndola por otra u otras más conocidas. Por ejemplo, si alguien no entiende el significado de "cloruro sódico" se le dice que es "sal".
- **Definición por género y especie**. Este procedimiento se basa en uno de los modos de ordenación del léxico en el idioma mediante los fenómenos de la **hiperonimia** e **hiponimia**. Observa:

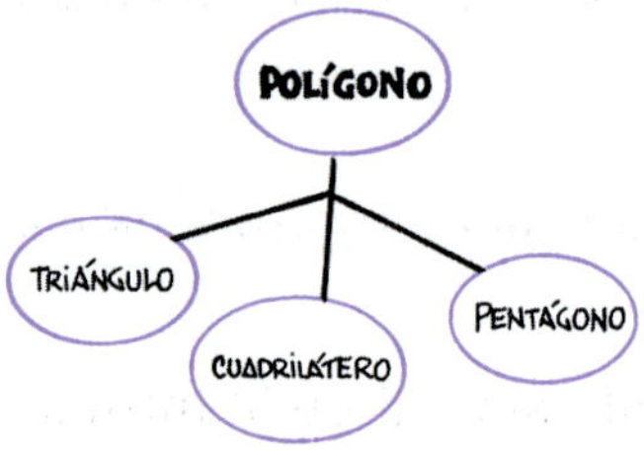

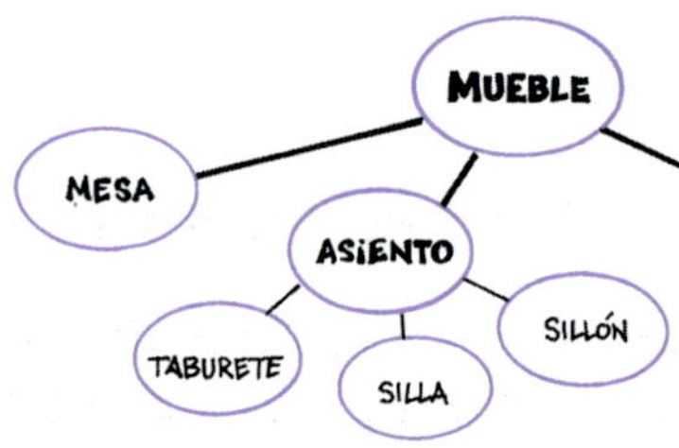

Hay palabras que tienen un significado más amplio que otras. Cuando el significado de una palabra está incluido en otra, se establece una relación de hiponimia (*triángulo* es hipónimo de *polígono*; *silla* es hipónimo de *asiento*, y *asiento*, a su vez, es hipónimo de *mueble*); por el contrario *polígono* es hiperónimo de *triángulo*; *asiento*, hiperónimo de *sillón*.

De esta forma, podemos definir: «el polígono (género) de tres lados se llama triángulo (especie)»; «armario (especie) será un mueble (género) para guardar cosas».

- **Definición descriptiva**. Es la definición en la que se enumeran las características o propiedades del objeto o concepto. Así, decimos que «jirafa es un mamífero rumiante, de cinco metros de altura, cuello largo y esbelto, y extremidades abdominales bastante más cortas que las torácicas».

Consulta en tu diccionario la definición de las siguientes palabras y explica el modo de definirlas

ornitorrinco: ....

....

cartabón: ....

....

oligarquía: ....

....

51 Explica si son verdaderas o falsas las siguientes afirmaciones:

«Todo cuadrilátero es un polígono, pero no todo polígono es un cuadrilátero.»

....

«Todo niño es una persona, pero no toda persona es un niño»

....

52 PARA HACER EN TU CUADERNO. Caracteres de una definición de calidad:

a) Lo definido no ha de entrar en la definición: *Veneno significa algo que tiene un efecto tóxico.* Veneno y tóxico es lo mismo.

b) Ha de ser breve y más clara que lo definido.

c) Debe abarcar todas las notas consideradas como esenciales del objeto o concepto definido. No se puede definir "gato" como "animal doméstico".

d) La definición no debe formularse en términos negativos: *Pobre es aquella persona que* ***no tiene*** dinero.

e) La definición no debe estar sustentada en ejemplos:

Una orquesta es cuando varios músicos cantan juntos; Un parque es donde hay árboles y grama; Caridad es cuando se da limosna a un pobre.

Explica, de manera razonada, si las siguientes definiciones están bien o mal formuladas.

- El metro es una unidad de medida de longitud.
- La oración gramatical es cuando se pone punto al final de la misma.
- Dormitorio es donde usted duerme.
- Un perro es un animal doméstico que ladra.
- El nombre es una palabra para nombrar los seres, como árboles, flores, ciudades, personas, peces, plantas, etc.
- Un hombre alto es aquel que no es bajo.

5 Exposición en forma narrativa

53 La exposición en forma narrativa informa sobre hechos o acontecimientos que se desarrollan en el tiempo. Presenta una **estructura de secuencia** o **secuencial**: los hechos se encuentran ordenados de acuerdo al tiempo en que se producen.

El desarrollo a través del tiempo es fundamental en algunos manuales de estudio (historia de la literatura, historia...) y en los medios de comunicación (noticias y reportajes); las biografías, los diarios y los relatos históricos informan sobre hechos y personajes reales; por el contrario, los relatos literarios narran hechos de ficción, bien realistas —que no contravienen la verosimilitud—, bien fantásticos.

- Realiza una lectura rápida del texto siguiente.

Invención de la penicilina

[1] El bacteriólogo británico Alexander Fleming se encontró una mañana con que algunos cultivos de estafilococos (la materia común que forma el pus) que dejara sobre un banco estaban contaminados por algo que había destruido las bacterias. En los platillos de cultivos aparecían claramente unos círculos en el punto donde quedaran destruidos los estafilococos. Fleming, que mostraba interés por la antisepsia (había descubierto que una enzima de las lágrimas llamada «lisosoma» poseía propiedades antisépticas), trató al punto de averiguar lo que había matado a la bacteria, descubriendo que se trataba de un moho común en el pan, *Penicillum notatum.* Alguna sustancia producida por dicho moho resultaba letal para los gérmenes. Como era usual, Fleming publicó sus resultados en 1929, pero en aquella época nadie le prestó demasiada atención.

[2] Diez años después, el bioquímico británico Howard Walter Florey y su colaborador de origen alemán, Ernst Boris Chain, se mostraron intrigados ante aquel descubrimiento, ya casi olvidado, y se consagraron a aislar la sustancia antibactericida. Para 1941 habían obtenido un extracto que se demostró clínicamente efectivo contra cierto número de bacterias «grampositivas» (bacteria que retiene una tintura, desarrollada en 1884 por el bacteriólogo danés Hans Christian Joachim Gram).

[3] A causa de la Segunda Guerra Mundial (1939-1945), Gran Bretaña no se encontraba en situación de producir el medicamento, por lo que Florey se trasladó a los Estados Unidos y colaboró en la realización de un programa para desarrollar métodos de purificación de la penicilina y apresurar su producción con tierra vegetal. Al término de la guerra se encontraba ya en buen camino la producción y uso a gran escala de la penicilina. Ésta no sólo llegó a suplantar casi totalmente a las sulfamidas, sino que se convirtió —y aún sigue siéndolo— en uno de los medicamentos más importantes en la práctica de la Medicina. Es en extremo efectiva contra gran número de infecciones, incluidas la neumonía, la gonorrea, la sífilis, la fiebre puerperal, la escarlatina y la meningitis. (A la escala de efectividad se la llama «espectro antibiótico».) Además, está prácticamente exenta de toxicidad o de efectos secundarios indeseables, excepto en aquellos individuos alérgicos a la penicilina.

[4] En 1945, Fleming, Florey y Chain recibieron, conjuntamente, el premio Nobel de Medicina y Fisiología.

ISAAC ASIMOV: ***Introducción a la ciencia.*** **Ed. Plaza & Janés.**

- En esta lectura que has realizado habrás entendido que se trata, como se indica en el título, de la invención de la penicilina. Observa la distribución en párrafos y determina los momentos temporales en que tiene lugar este invento.

....

....

54 Realiza ahora una lectura comprensiva, párrafo a párrafo, subrayando los datos de interés. Para ello, consulta en un buen diccionario o en una enciclopedia el léxico que desconozcas.

enzima*: Fermento soluble que se forma y actúa en el organismo animal.*
antisepsia*: Prevención de las enfermedades infecciosas por destrucción de gérmenes.*
neumonía*: Pulmonía, inflamación del pulmón.*

fiebre puerperal*:* ....
escarlatina: ....
meningitis: ....

55 La **cronología**. La síntesis de una exposición en forma narrativa puede realizarse en forma de cronología o de resumen. Lee y observa.

CRONOLOGÍA	RESUMEN
1929: Alexander Fleming publica sus investigaciones sobre la invención de la penicilina.	• Al final de la década de los años veinte, el británico Alexander Fleming descubre un moho que mata a determinadas bacterias y lo llama penicilina. Nadie le presta atención.
1941: Howard Walter Florey y Ernest Boris Chain obtienen un extracto del producto.	• En la siguiente década, el británico Howard Walter Florey y su colaborador de origen alemán Ernest Boris Chain continúan sus investigaciones y logran, en 1941, obtener el producto en el laboratorio.
1945: Howard Walter Florey consigue producirla para su uso a gran escala.	• En la década de los cuarenta, Florey va a Estados Unidos a continuar sus investigaciones y, al final de la Segunda Guerra Mundial, consigue fabricar el producto para su uso masivo.
1945: Se concede el Premio Nobel a estos tres investigadores.	• En 1945 los tres investigadores reciben el reconocimiento de la comunidad científica al serles otorgado el Premio Nobel.

- Explica las diferencias y semejanzas en una y otra forma de resumen.

....
....

56 PARA HACER EN TU CUADERNO. Las cronologías son muy útiles para situar acontecimientos históricos y culturales, que explican la evolución de un pueblo. Consulta tu manual de historia y realiza una cronología de la época de la dictadura del General Franco (1939-1975). Puedes empezar así:

1939: • *Finaliza la Guerra Civil y comienza la dictadura. Se prohíben los partidos y sindicatos.*
• *Decreto que obliga a los profesores a adaptar su enseñanza al dogma, a la moral y al Derecho Canónico.*

1940: • *Ley contra la Masonería y el Comunismo.*
• *El Gobierno declara la neutralidad en la contienda de la II Guerra Mundial.*

......

5.1 Las preguntas del examen

57 El profesor emplea para evaluarte distintos procedimientos y, entre ellos, los más importantes son la observación sobre tu trabajo diario —participación en clase y realización de tareas en tu cuaderno— y los exámenes con pruebas de diferente tipo.

La calidad de tu examen es el resultado de la aplicación de un buen método de estudio, con el que se consigue la comprensión, asimilación y memorización de los contenidos de una materia o disciplina. A veces, profesores de otras asignaturas comentan al profesor de Lengua que un escolar no sabe redactar, cuando la realidad es que no ha entendido su materia.

Imagínate que, en un examen, te preguntan sobre la información del texto siguiente.

La literatura de la democracia: el marco histórico

Incluso en un período histórico tan reducido y cercano como el que nos ocupa, es posible señalar una serie de momentos cuya especial relevancia les hizo transcender el ámbito de la política, para convertirse en símbolos de una época, con incidencia notable en el desarrollo de la cultura. Veamos algunos de ellos:

- **Aprobación de la Constitución** el día 6 de diciembre de 1978 tras un referéndum. Desde ese momento, España se convierte en una monarquía parlamentaria, cuyo territorio se divide en diecisiete Comunidades Autónomas.
- El generalizado optimismo de los primeros tiempos del cambio de régimen no elimina las resistencias que ciertos sectores sociales ofrecen a las reformas institucionales. El presidente Adolfo Suárez dimitió el 29 de enero de 1981; apenas un mes después —el 23 de febrero— se produjo un **intento de golpe de Estado**, abortado por la resuelta intervención del Rey frente a los sublevados.
- **El Partido Socialista Obrero Español gana las elecciones**, con mayoría absoluta, en octubre de 1982. Las izquierdas no gobernaban en España desde 1936; para muchos su llegada pacífica al poder supone la verdadera consolidación de la democracia. A lo largo de la década se produce —sobre todo en la capital— una extraordinaria efervescencia cultural, que recibe el nombre de «movida madrileña».
- **Integración de España en la Unión Europea** el 1 de enero de 1986; se rompe así un aislamiento de siglos, al tiempo que dentro del país se produce una bonanza económica que facilita los negocios rápidos y el aumento del consumo.
- La gran **huelga general** de diciembre de 1988 marca el comienzo de un **desencanto** cada vez más generalizado con respecto a la política de los socialistas; más adelante aparecerán casos de corrupción en los aledaños del poder y acusaciones de terrorismo de Estado que rompen con el sueño de la izquierda.
- En 1992 se conmemora el V Centenario del Descubrimiento de América con dos acontecimientos que difunden la imagen de España por todo el mundo: la **Exposición Universal de Sevilla** y los **Juegos Olímpicos de Barcelona.**
- Por último, el 3 de marzo de 1996 se pone —según bastantes analistas e historiadores— el definitivo punto final a la transición española a la democracia: los socialistas abandonan pacíficamente el Gobierno tras **el triunfo electoral del Partido Popular**, liderado por José M.ª Aznar.

La literatura —y el resto de las manifestaciones culturales y deportivas— experimentan durante estas dos décadas un desarrollo muy vivo, no tanto por la calidad de las creaciones como por la frecuente presencia de la cultura en los medios de comunicación y entre las preocupaciones de las administraciones públicas. Entre los rasgos generales que definen la evolución de las Letras españolas entre 1976 y 1997 destaquemos los siguientes:

- Creciente difusión exterior de la obra de nuestros escritores; señalemos a este respecto la concesión del Premio Nobel al poeta Vicente Aleixandre (1977) y al novelista Camilo J. Cela (1989).
- La mayor presencia de las literaturas en lengua no castellana —gallego, vasco, catalán, valenciano— así como temas y autores de las distintas regiones, en correspondencia con el peso emergente de los poderes autonómicos.
- Una extraordinaria vitalidad creadora, que se ha traducido en fecundas polémicas entre los cultivadores de los distintos géneros literarios. De ellas nos ocuparemos en los temas correspondientes, empezando por el teatro, que fue el más afectado por la abolición de la censura.

G. Hernández y J. M. Cabrales: *Lengua Castellana y Literatura.* Bachillerato 2.º. Ed. SGEL.

- Una lectura crítica del texto te permitirá detectar la estructura del contenido. Como ves, hay dos partes claramente diferenciadas. Señálalas.

....

....

....

....

....

....

....

- En los manuales de bachillerato se suelen emplear distintos tipos de letra —negrita, cursiva, etc.— que te facilitan la etapa del subrayado. Así ocurre con la primera parte de este texto. Subraya la segunda parte.

- Ahora vas a contestar a la pregunta «El marco histórico de la literatura de la democracia», sin mirar al texto, como si se tratara de un examen. Ten en cuenta los siguientes aspectos:

  - Memoriza los contenidos.
  - Piensa el guión que vas a seguir en tu exposición, que se corresponderá con la estructura del texto.
  - Emplea oraciones cortas y escribe con letra clara y legible.
  - No utilices un estilo telegráfico, propio de tus apuntes, resúmenes, esquemas o diagramas.
  - No te ayudes de abreviaturas personales que empleas en tus apuntes.
  - Relee, al final, tu respuesta, corrigiendo la ortografía.

....

....

....

....

....

....

....

....

....

....

....

....

....

....

....

....

6 La exposición en forma argumentativa

58 Argumentar consiste en aportar un conjunto de razones para defender una opinión o una idea. Por eso, como vas a ver en el apartado siguiente, la argumentación se utiliza normalmente para desarrollar temas que se prestan a controversia con el fin de persuadir al lector u oyente mediante un razonamiento. No obstante, en las ciencias exactas y en las ciencias experimentales también se emplea un razonamiento demostrativo para llegar a una conclusión verificable. Este tipo de argumentación es el que vamos a ver aquí.

- Lee con atención.

El enigma de la corona de Hierón

Hierón II, rey de Siracusa y pariente de Arquímedes, dudaba de la honestidad de su joyero. Creía que éste lo engañaba utilizando, para los encargos reales, oro mezclado con plata en vez de oro puro. Si esta sospecha se confirmaba, el joyero debía ser inmediatamente decapitado. Pero ¿cómo averiguarlo?

Hierón ideó un plan astuto: encargó a su joyero una corona de oro y le entregó para su confección una cantidad de oro macizo pesada con exactitud. Para resolver el enigma recurriría a Arquímedes. De este modo no sólo pondría a prueba la honradez de su joyero, sino también el ingenio de su pariente. Cuando el joyero hubo entregado la corona, Hierón comprobó primero que su peso coincidía exactamente con el peso de oro macizo entregado y, a continuación, mandó traer a Arquímedes ante su presencia.

—Arquímedes —dijo Hierón—, ahora tienes la posibilidad de demostrar ante mí tu talento. Si consigues averiguar cuál es la composición de mi corona sin que sufra el más mínimo rasguño, gozarás de mi reconocimiento y de mis favores durante el resto de tus días.

—Dame tiempo, Hierón; sólo tiempo necesito —replicó Arquímedes.

Lo cierto es que Arquímedes no sabía inicialmente cómo abordar el problema. Durante algún tiempo estuvo pensando constantemente sobre ello sin hallar la solución. Pero algunos días después, al meterse en la bañera que estaba a rebosar, se dio cuenta de que una cierta cantidad de agua era desalojada del baño. Mientras se bañaba, reflexionó sobre este hallazgo casual y concluyó que el volumen del agua desbordada y el volumen de la parte de su cuerpo que estaba sumergida debían ser iguales. De repente vino a su mente de nuevo el problema de la corona en el que había estado pensando con tanta intensidad, y vislumbró su solución. Fue tal la excitación que le produjo el descubrimiento, que Arquímedes salió del baño gritando: «¡Eureka, eureka!», que significa en griego «¡Lo hallé, lo hallé!». Recorrió desnudo el trayecto que separaba su casa del palacio real y explicó inmediatamente a Hierón su descubrimiento con estas palabras:

—Lleno de agua hasta el borde una gran vasija e introduzco en ella un lingote de oro puro que pese lo mismo que la corona. Mido el volumen del agua derramada al sumergirlo, que será igual al volumen del oro sumergido. Repito luego el mismo procedimiento, primero con un peso idéntico de plata, y luego con la corona ya acabada. Como la plata es menos pesada que el oro, el mismo peso del metal blanco ocupara más volumen. Si la corona fuese una mezcla de oro y plata, el volumen de agua desalojado por la corona será mayor que el desalojado por el mismo peso en oro y menor que el desalojado por el mismo peso en plata. Si la corona fuese de oro puro, el volumen del agua desalojada por ella coincidirá con el volumen del agua desalojada por el lingote de oro sumergido en primer lugar. De este modo, majestad, quedará resuelto el enigma que os atormenta y desvelado el proceder de vuestro joyero.

El experimento ideado por Arquímedes fue realizado meticulosamente, y su dictamen final llevó a la tumba al joyero real pues, en efecto, la corona estaba hecha con una mezcla de plata y oro. Hierón II contó hasta su muerte con la ayuda de su pariente como asesor militar, y su ingenio fue puesto muchas más veces al servicio del reino de Siracusa.

FRANCISCO LÓPEZ RUPÉREZ: *Galileo, hombre de ciencia.* Ed. SM.

- Este texto trata de explicar la ley física que recibe el nombre de «Principio de Arquímedes», en honor de su inventor. Para ello, el autor, con la finalidad de amenizarlo, lo incluye dentro de una historia. De ahí que, como en todo relato, encontremos una presentación, un desarrollo de los hechos y un desenlace. Sintetiza estas partes:

- Introducción: ....
....
....
....
....

- Desarrollo: ....
....
....
....
....

- Desenlace: ....
....
....
....
....

- Dentro del desarrollo aparece una argumentación demostrativa que contiene las partes siguientes:

  - Enunciado de un principio: Mientras se bañaba, Arquímedes concluyó que el volumen del agua desbordada y el volumen de la parte de su cuerpo que estaba sumergida debían ser iguales.
  - Aplicación de este principio para calcular el volumen de un lingote de oro de igual peso que la corona de Hierón II, y así demostrar que el joyero le engañaba. Realiza el resumen.

....
....
....
....
....
....
....
....
....

59 Otra forma frecuente de emplear la exposición argumentativa en textos científicos y tecnológicos es la de presentar las causas y efectos de un fenómeno, actividad, etc., dando lugar a una **estructura de inferencia**, de **causa-efecto**.
Lee con atención.

El Big Bang o el origen del universo

[1] La teoría de un universo en expansión ha hecho que los astrofísicos se pregunten cómo sería el Universo en un tiempo remoto. Es como si se tratase de ver la película de la historia del universo rebobinando hacia atrás.

[2] Los científicos consideran que las galaxias habrían estado más juntas, y la materia estaría tan compacta y comprimida que alcanzaría una densidad grandísima, algo que resulta difícil de imaginar. A su vez, la temperatura de la materia sería de billones de grados, por lo que no existirían los átomos tal como actualmente los conocemos, sino que estarían en forma de **quarks**, las partículas subatómicas más íntimas de la materia.

[3] En esa situación, en el momento inicial se habría producido una gran explosión, a la que se denomina **Big Bang**. A partir de esa explosión el universo ha seguido expansionándose y enfriándose, a la vez que se han ido configurando diferentes niveles de organización de la materia.

[4] Transcurridos unos minutos desde el Big Bang, que las investigaciones más recientes sitúan hace unos 15.000 millones de años, las iniciales partículas constituyentes de la materia, los quarks, habrían evolucionado dando lugar a los protones, neutrones y electrones, y seguidamente, a los átomos de hidrógeno y helio. Más tarde, habrían aparecido átomos más pesados que al unirse habrían dado lugar a las primeras galaxias. Su aparición, según esta teoría, se inicia transcurridos unos 30 millones de años de la gran explosión.

[5] Las investigaciones que actualmente se realizan en los grandes aceleradores de partículas, como el del CERN en Ginebra, tratan de reproducir reacciones semejantes a las que supuestamente tuvieron lugar en los momentos iniciales del universo. Estos estudios constituyen uno de los campos más interesantes de la investigación en la física actual.

J. M.ª PASTOR BENAVIDES y N. BOIXADERAS SÁEZ: *Entorno 4. Física y Química*. Ed. Vicens-Vives.

- Como puedes ver, en el párrafo [1] se presenta el tema y en el párrafo [5] se señalan los caminos de la investigación de este mismo tema en la actualidad.

  En los párrafos [2], [3] y [4] se explica el desarrollo del tema mediante una estructura de causa-efecto. Así,

CAUSA →	EFECTO
Galaxias juntas: materia de gran densidad y elevadísimas temperaturas donde sólo habría partículas subatómicas: quarks.	La gran explosión: el Bing Bang.

A su vez, el Bing Bang es la causa de otros efectos. Señálalos.

....
....
....
....
....
....

7 Taller: el trabajo de investigación

Conforme avanzas en tus estudios, los profesores te van a encargar, con más frecuencia, trabajos de investigación relacionados con su asignatura o bien sobre un tema de carácter interdisciplinar.

El trabajo de investigación obliga a consultar muchas fuentes de información, a leer de modo más crítico que el estudio mecánico que se realiza sobre los libros de texto y, en fin, a desarrollar todas las capacidades necesarias para el estudio autónomo, que efectúa a lo largo de su vida un adulto fuera del ámbito escolar.

Para elaborar una investigación sobre un tema, tanto en el bachillerato como en la universidad, se requiere dominar un buen método de trabajo que, en síntesis, consta de cinco etapas:

1. Determinación del tema y su propósito.
2. Recopilación de la información.
3. Selección y organización de la información.
4. Elaboración y redacción.
5. Presentación final del trabajo.

Imagínate que el profesor de Lengua Castellana y Literatura encarga realizar un trabajo de investigación sobre algún autor o tema de la *Generación del 27* (o *Grupo poético del 27*). Observa cómo has de proceder, paso a paso.

1. Determinación del tema y su propósito

En ocasiones es el profesor quien señala el tema y la finalidad de la investigación. En este caso, debes seguir sus instrucciones y tienes que limitarte a elegir el enfoque que quieres darle, de modo que sea interesante y adecuado a tus posibilidades.

Pero, cuando no son los profesores los que restringen el tema, es necesario, en primer lugar, familiarizarse con él, hojeando algún libro de consulta general —un manual— o alguna enciclopedia. Así, por ejemplo, podemos ver que sobre la *Generación del 27* se pueden realizar los siguientes trabajos:

- *Autores: semblanza personal y obra.*
- *Las vanguardias y su influencia en* La generación del 27.
- *El gongorismo o influencia de Góngora en el grupo.*
- *El neopopularismo o manifestaciones de la literatura popular en la obra de los autores del grupo.*
- *Relación entre los poetas del grupo con cineastas, pintores, toreros, etcétera.*

Modo de proceder	
Elección del tema	En la elección del tema debes tener en cuenta tres aspectos: • Que sea interesante para ti: debes trabajar en algo que te resulte atractivo. • Que sea interesante para vuestros compañeros, si tienes que exponerlo a la clase. • Que sea proporcionado a tu capacidad o a los medios de que dispones; es decir, al tiempo, a los libros de consulta que están a tu alcance, etcétera. Imagínate que decides trabajar sobre «El neopopularismo en los poetas del 27».

Determinación del objetivo de la investigación	Una vez elegido el tema, debes determinar el objeto de la investigación haciéndote una serie de preguntas: • ¿Qué conozco de la literatura popular? • ¿La literatura popular es una tradición en nuestra historia literaria? • ¿Cómo se aúnan en la Generación del 27 tradición y modernidad? • ¿Qué autores del Grupo poético del 27 cultivan la literatura popular? Las respuestas te ayudarán a concretar las grandes líneas que has de seguir en tu investigación de fuentes en función del objetivo propuesto.

2. Búsqueda y recopilación de la información

La información puede localizarse por distintos medios o fuentes. El tipo de fuentes está relacionado con el tema de la investigación. Así, por ejemplo, en el «neopopularismo en el Grupo poético del 27», será más útil una biblioteca; el tema de la «televisión basura» exigirá fuentes directas como entrevista y encuestas; y en ocasiones, como sobre el tema de los «alimentos transgénicos», podrán emplearse fuentes directas para recabar la opinión de los consumidores o de expertos en alimentación y fuentes documentales (bibliotecas, periódicos y revistas, librerías, etc.).

1. La biblioteca

La utilización de la biblioteca exige conocer unas «reglas del juego» que hay que aprender, relativas al modo de acceso, a la búsqueda de libros, a su fichaje y a la recopilación de la información.

Los libros pueden localizarse a través de distintos tipos de ficheros:

- **Fichero de autores**. Recoge todos los libros ordenados alfabéticamente por el nombre del autor (apellidos y nombre). En él aparecen las fichas bibliográficas con los datos siguientes:

AUTOR	GARCÍA LORCA, FEDERICO
OBRA	*Poesía. Teatro. Artículos.*
EDITORIAL (lugar, fecha de edición y número de páginas)	Ed. Círculo de Lectores, Barcelona, 1968. 568 pp.
REFERENCIA (Combinación de letras y números para localizar el libro dentro de la biblioteca).	Biblioteca Nacional: 7/114218

- **Fichero de materias**. Agrupa los libros por temas. Criterios de localización de documentos:
  - Los libros se colocan en estanterías siguiendo una clasificación numérica, la *Clasificación Decimal Universal* (CDU), que pretende dividir todo el conocimiento humano en materias, asignando a cada una un número y un color.

Cómo localizar un libro mediante la CDU		
Todas las obras se agrupan en diez grandes apartados: 0. Obras generales. 1. Filosofía. Psicología. 2. Religión. Teología. 3. Ciencias sociales. 4. [Reservado para una materia no determinada] 5. Ciencias puras: Exactas y Naturales. 6. Ciencias aplicadas. Medicina. Técnica. 7. Arte y Deportes. 8. Lengua y Literatura. 9. Geografía e Historia.	Cada uno de estos apartados se subdivide en materias concretas: 80 Filología y Lingüística 82 Literatura 860 Literatura española	Los géneros literarios se identifican por las letras: **N** (Narrativa); **T** (Teatro); **P** (Poesía); **E** (Ensayo).

- Los libros se ordenan en las estanterías de arriba a abajo y de izquierda a derecha, según la **signatura** que figura en el lomo. En la figura de la derecha se especifican los elementos de que consta una signatura.

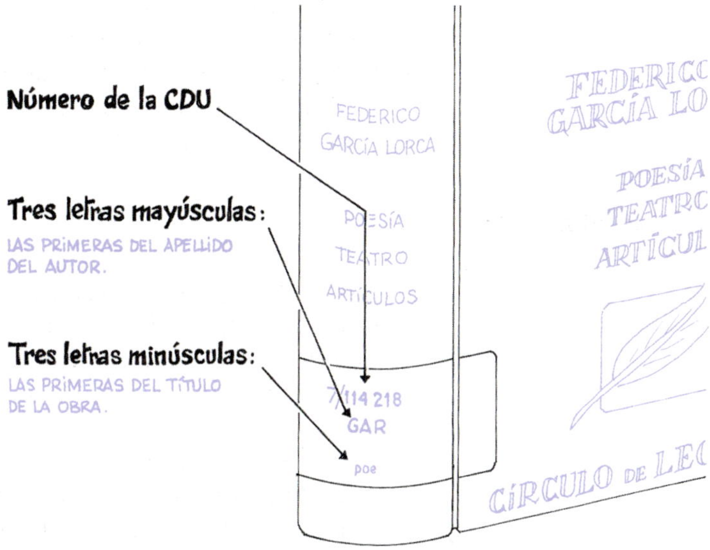

2. Consulta mediante el ordenador

Hoy las bibliotecas importantes están informatizadas y se pueden consultar sus fondos, bien desde los ordenadores de la propia biblioteca, bien desde cualquier otro ordenador que esté conectado a Internet.

Imagínate que tienes acceso a Internet desde tu casa y quieres localizar el libro citado de Federico García Lorca. A través del ordenador puedes, por ejemplo, acceder a los fondos de la Biblioteca Nacional. Para ello, escribe la dirección: *www.bne.es*. Una vez localizada, te saldrá un «menú» en el que elegirás consulta de catálogos; a continuación, verás en la pantalla la siguiente información:

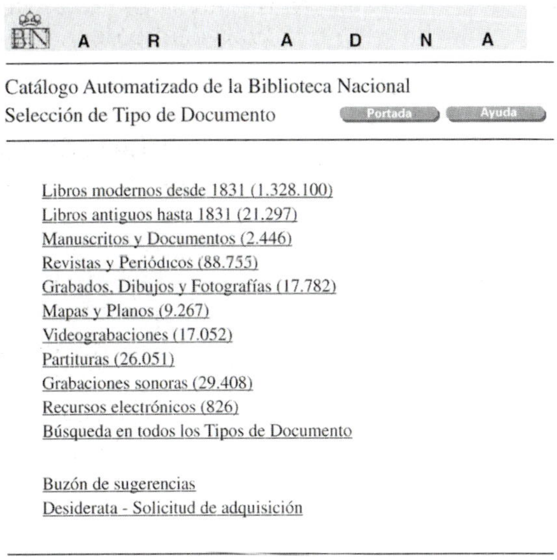

Llevas el cursor a *Libros modernos desde 1831,* haces «clic» y te sale otra pantalla, donde rellenas la ficha correspondiente; pinchas de nuevo en «buscar» y tendrás la visualización completa de la ficha del libro. Observa la visualización de las pantallas de estos pasos:

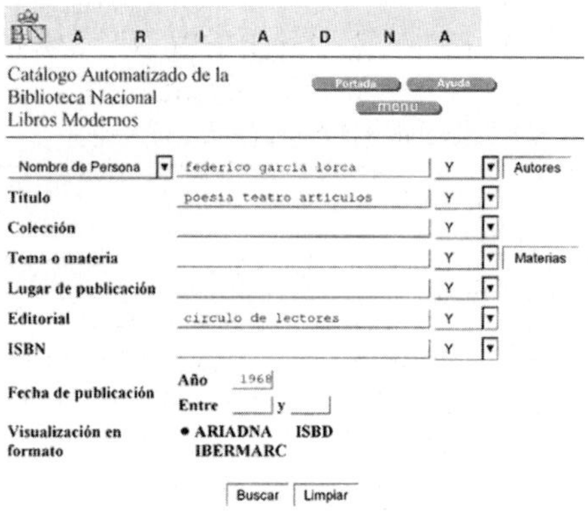

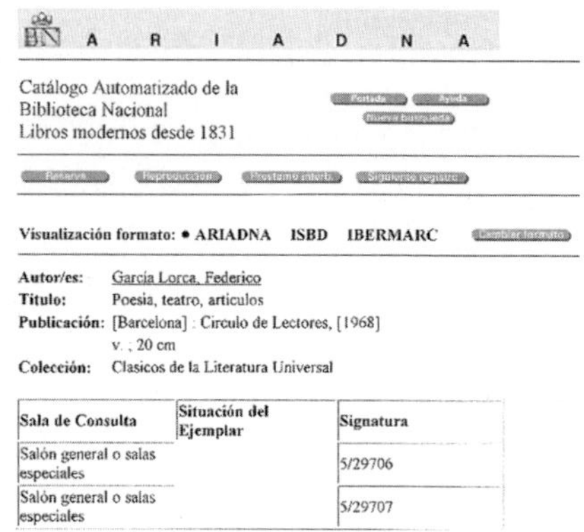

Puedes realizar un procedimiento parecido para acceder a cualquier otra biblioteca que disponga de este servicio.

3. Fuentes directas: la encuesta y la entrevista

Hay temas que permiten recabar información directa de las personas. Así, por ejemplo, si tuvieras que realizar un trabajo sobre el tema de «El esoterismo» podrías conocer a alguna persona dedicada a echar las cartas, explicar la carta astral, interpretar el horóscopo, etc., y realizar una entrevista.

También podrías recabar información directa realizando una encuesta y pasándola a personas que conozcas. Puedes hacer preguntas del tipo siguiente.

1. ¿Consulta su horóscopo en periódicos y revistas?

   ☐ Alguna vez.
   ☐ Cuando cae en mis manos una revista.
   ☐ Una vez a la semana, al menos.

2. ¿Ve algún programa de TV sobre estos temas?

   ☐ Nunca.
   ☐ Alguna vez.
   ☐ De manera habitual.

4. Recopilación de la información

Conforme vas localizando y leyendo los libros o revistas que te interesen, has de proceder a tomar nota de ellos. Puedes hacerlo en tu cuaderno, pero cuando el trabajo de investigación es de cierta complejidad, debes valerte de fichas, que puedes adquirir en las librerías.

a) LA FICHA BIBLIOGRÁFICA

La ficha bibliográfica no sólo te va a servir para tomar nota de las referencias bibliográficas de un libro, muy útiles para la redacción de la bibliografía final, sino también para anotar ciertos datos de interés, que te orienten en tu trabajo. Así, en el reverso puedes anotar:

> Temas que trata el libro, señalando los de interés para tu investigación.
>
> - Valoración personal sobre la importancia del libro, novedad, etcétera.
> - Bibliotecas en las que puedes encontrarlo y signatura que tiene en las mismas. Estos datos facilitan su hallazgo cada vez que necesites consultarlo.

b) LA FICHA DE DOCUMENTACIÓN

En muchas ocasiones vas a encontrar libros o revistas de interés y necesitarás resumir parte del texto o copiar textualmente algunos fragmentos, es decir, tomar citas. Para ello, has de emplear la ficha de documentación o de contenido. Observa el siguiente modelo:

ANVERSO	
Tema	EL NEOPOPULARISMO EN LOS POETAS DEL 27
Datos bibliográficos	García Lorca, Federico: *Poesía. Teatro. Artículos,* Círculo de Lectores, Barcelona, 1968.
Recogida de información	citas .... resúmenes ....

REVERSO	
(Recogida de información)	citas .... resúmenes ....
....	
Valoración personal	....
....	

Anotaciones que debes hacer en esta ficha:

- **Citas textuales**. Si te interesa copiar literalmente el texto, debes reflejarlo mediante el uso de comillas que encierran la cita. Después de las comillas y entre paréntesis, se indica la página exacta de donde se toma el texto, por si tuvieras que consultarlo de nuevo.
- **Resumen del texto**. A veces no te interesa la cita literal, sino un resumen del contenido. Aplica las técnicas que has aprendido sobre el resumen y no te olvides de indicar las páginas de referencia.
- **Valoración personal.** Debes resaltar la importancia de ese texto para tu trabajo, ideas que te sugiere, caminos de investigación que abre, comparación con otros textos, etcétera.

Modo de proceder	
Búsqueda de información	Debes seguir un orden al consultar las fuentes: • Obras generales: enciclopedias e historias de la literatura. • La obra del autor o autores elegidos, cuya publicación suele tener un prólogo que la analiza. • Estudios monográficos sobre el tema seleccionado. En todos los casos, debes rellenar fichas bibliográficas o de documentación.
Recopilación de información	La información debes recogerla en la ficha bibliográfica, cuando sólo te interese la referencia bibliográfica; o en la ficha de documentación, si tienes que tomar notas.

3. Selección y organización de la información: el guión

Una vez que has recopilado la mayor parte de la información, conviene organizarla con respecto a la estructura diseñada para el trabajo, antes de iniciar la redacción.

Para ello, conviene que revises tus notas y jerarquices la información en función de su relevancia para el trabajo. A continuación, debes organizarla y confeccionar un guión que sea la estructura y soporte del trabajo. Para ello debes hacer lo siguiente:

- Elige el título definitivo para tu trabajo; ello te obligará a concretar qué es lo que te propones.
- Confecciona el guión. Debes fijar los puntos que vas a tratar y su organización en apartados y subapartados.
- Ordena la información bibliográfica en función de los puntos del guión. Ten en cuenta que, antes de ponerte a redactar, has de releer estas fuentes para clarificar las ideas y tener los datos bien asimilados.
- Elabora una introducción, pues te será muy útil para seguir un itinerario claro y preciso en la redacción.

Modo de proceder	
Selección de la información	• Jerarquiza la información seleccionada en función de su importancia para el trabajo. • Ordénala teniendo en cuenta el objetivo que planteaste al principio de tu investigación.
Organización de la información	• Confecciona un guión con los puntos detallados que vas a seguir en la redacción. • Elabora una introducción en la que fijes el objeto de tu investigación y adelantes el camino que vas a seguir en la exposición.

4. Elaboración y corrección

En la redacción debes seguir los puntos señalados en el guión. Has de comenzar redactando un borrador, que siga el orden establecido y desarrolle las ideas esbozadas en el guión. Para ello ten en cuenta lo siguiente:

- La primera redacción tienes que hacerla de manera continuada y sin cuidar los aspectos formales; debes preocuparte sólo de recoger las ideas importantes y de relacionarlas para que el escrito adquiera coherencia.
- Recuerda que cada párrafo ha de desarrollar una idea principal o secundaria.
- Procura emplear oraciones breves y sigue el orden lógico del discurso.
- Utiliza un vocabulario con palabras claras, concretas y precisas; huye de las palabras rebuscadas, abstractas y genéricas. Cuando un término se repite, emplea un sinónimo en su lugar.
- Escribe sólo por una cara de la hoja, con amplios márgenes para realizar anotaciones en sucesivas lecturas y correcciones.

La corrección. Todo escrito es fruto de sucesivas correcciones. Por eso es importante, si puedes, que emplees un ordenador; ello te facilitará la tarea de elaboración y corrección.

En la corrección has de cuidar los siguientes aspectos:

Organización y contenido	Lenguaje y forma
• La formulación de la idea principal o tesis. • La correspondencia entre ideas y párrafos. • La introducción y la conclusión. • El desarrollo de la información, debidamente encadenadas las ideas con nexos lógicos. • Reflejo de la documentación que has realizado. • La originalidad en la exposición de las ideas.	• Extensión de los párrafos y las frases. • Claridad en la exposición; se consigue mediante el empleo del orden lógico del discurso. • Uso correcto de la puntuación y de la ortografía de las letras. • Empleo de una letra clara, en el caso de que tu trabajo sea manuscrito.

5. Presentación final del trabajo

Los trabajos científicos, con independencia de la estructura empleada —deductiva o inductiva— y las formas del discurso —argumentación, exposición, descripción— que utilicen, han de ajustarse a unas técnicas de elaboración y presentación en aras de la claridad, objetividad, coherencia y precisión que exige la exposición del conocimiento.

Son partes importantes de todo trabajo de investigación:

1. TÍTULO

Es una síntesis de la idea fundamental del trabajo. Debe enunciar, de manera sucinta y clara, la tesis que se va a demostrar, la hipótesis de la que se va a partir, la teoría que se va a exponer o los objetos y fenómenos que se han de describir.

2. INTRODUCCIÓN

Tiene la función de informar al lector sobre la materia y sobre los métodos, con el fin de situarlo ante el asunto que se va a exponer. Para ello:

- Se resalta la importancia del tema y se especifican sus implicaciones teóricas y prácticas.
- Se hace una síntesis histórica del contenido objeto de estudio.
- Se formula la hipótesis de partida y la finalidad que se persigue.
- Se expone el marco teórico y metodológico en que se inserta, con el fin de evitar ambigüedades y malentendidos.
- Se citan los documentos —artículos, monografías...— tenidos en cuenta.
- Se fijan los significados de la terminología y se aclara el lenguaje formal utilizado.

3. CUERPO DEL TRABAJO

Se exponen los distintos contenidos de la investigación:

- Formulación de la hipótesis de manera nítida, precisando las relaciones y dificultades que plantea.
- Exposición de las ideas propias o de otros autores que apoyen la idea planteada en la investigación.
- Verificación de la misma mediante la aportación de las pruebas que la sustentan: experimentos realizados y sus resultados; aportaciones de textos de los propios escritores; opiniones de otros autores, considerados autoridad en la materia, y que corroboran las conclusiones ahora expuestas; etcétera.

4. CONCLUSIONES

Recapitulación: se da cuenta de la validez o invalidez de la hipótesis formulada, de las aportaciones del estudio a la teoría científica o literaria. También se pueden adelantar problemas y planteamientos, objeto de un estudio posterior.

5. BIBLIOGRAFÍA — Relación alfabética de los libros consultados. Las citas bibliográficas se ajustan a los siguientes modelos, según se trate de libros o de revistas:

Alonso-Cortés, Ángel: «El enfoque biológico del lenguaje», *Investigación y ciencia (Tema 5. El lenguaje humano),* pp. 2-7, Prensa científica, 1996.

Benot, Eduardo: *Arte de hablar. Gramática filosófica de la lengua castellana,* introducción de Ramón Sarmiento, Anthropos, Barcelona, 1991.

6. ÍNDICE — Tabla de materias y orden general de la exposición. Puede ir también al principio del trabajo.

Modo de proceder	
Organización del contenido	El trabajo de investigación debe organizarse y presentarse de la siguiente manera: 1. Introducción exponiendo el tema y el enfoque. 2. Exposición del concepto de *neopopularismo* y su manifestación en la *Generación del 27,* como característica del grupo. 3. Manifestación del *neopopularismo* en la obra de cada autor, seleccionando algunos poemas como modelos. 4. Conclusión.
Aspectos formales	• Debe escribirse únicamente en una cara del papel. • La primera hoja debe contener el título del tema, el nombre del investigador y la fecha de realización. • La hoja segunda contendrá el índice. • Las hojas siguientes expondrán la redacción del tema, siguiendo los puntos señalados en el guión. • En la última se expondrá la bibliografía consultada.

La argumentación

1 Qué es la argumentación

60 Argumentar es exponer razones que justifican una determinada idea u opinión. La argumentación es una forma del discurso que pretende persuadir (convencer), o disuadir, mediante argumentos y razones a un receptor —oyente o lector— para que acepte las ideas del emisor, hablante o escritor.

Por tanto, cualquier argumentación puede orientarse en dos direcciones:

- **Confirmación**. El emisor aporta razones y argumentos para probar la verdad o bondad de una idea. Por ejemplo: *el consumo de tabaco es perjudicial porque ocasiona graves daños a la salud.*

- **Refutación**. El emisor intenta, mediante razones y argumentos, probar la falsedad de una idea o lo inadecuado de un razonamiento. Por ejemplo, *las drogas no deben legalizarse porque entonces habría muchos más jóvenes adictos, con el consiguiente perjuicio personal y social.*

Todos los temas que preocupan a la sociedad tienen su «cara» y su «cruz»; de ahí surge la polémica, que genera la argumentación. Así, por ejemplo, en el tema de «la legalización de las drogas» habrás escuchado argumentos a favor (aprobación) o en contra (refutación). Lee y escribe argumentos personales.

ARGUMENTOS A FAVOR

- Las administraciones legalizan unas drogas (tabaco, alcohol...) y prohíben otras.
- Se evitarían muchos problemas de seguridad ciudadana.

....

....

....

ARGUMENTOS EN CONTRA

- No se puede permitir la autodestrucción de las personas.

....

....

....

....

....

61 El ámbito de los textos argumentativos es muy amplio. Desde una conversación en la que se pretende convencer a un amigo (relaciones interpersonales), hasta artículos, editoriales, anuncios (medios de comunicación social), un juicio (ámbito institucional), planteamientos de nuevas teorías, descubrimientos científicos (mundo académico), ensayos...

- Señala en qué momentos de tu vida ordinaria empleas la argumentación.

....

....

2 Elementos de la argumentación

62 Los textos argumentativos poseen una organización peculiar ya que el emisor ha de ordenar convenientemente los elementos temáticos para lograr su finalidad: convencer o persuadir al receptor.

Observa los elementos del texto argumentativo:

Título	**Naturaleza o campo**
EXPOSICIÓN DE LA TESIS: idea u opinión que se va a defender.	El hombre, desde su origen, guiado por unas miras que pretenden ser prácticas, ha ido enmendando la plana a la Naturaleza y convirtiéndola en campo.
LOS ARGUMENTOS: conjunto de razones dirigidas a la defensa de la tesis.	El hombre, paso a paso, ha hecho su paisaje, amoldándolo a sus exigencias. Con esto, el campo ha seguido siendo campo, pero ha dejado de ser Naturaleza. Mas, al seleccionar las plantas y animales que le son útiles, ha empobrecido la Naturaleza original, lo que equivale a decir que ha tomado una resolución precipitada porque el hombre sabe lo que le es útil hoy, pero ignora lo que le será útil mañana. Y el aceptar las especies actualmente útiles y desdeñar el resto supondría, según nos dice Faustino Cordón, sacrificar la friolera de un millón de especies animales y medio millón de especies vegetales, limitación inconcebible de un patrimonio, que no podemos recrear y del que quizá dependieran los remedios para el hambre y la enfermedad de mañana.
LA CONCLUSIÓN: es una síntesis de los argumentos, que ha de confirmar la tesis planteada.	Así las cosas, y salvo muy contadas reservas, apenas queda en el mundo Naturaleza natural. **MIGUEL DELIBES: *Un mundo que agoniza*. Ed. Plaza & Janés.**

- Explica, a tu manera, la estructura del texto argumentativo:

....

....

....

Lee con atención y contesta.

El peligro neonazi

[1] Afloran los síntomas de una enfermedad social preocupante en los países democráticos: el resurgimiento, con el nombre que se quiera, de los grupos neonazis. Abordar el problema será, sin duda, uno de los retos no previstos por esas sociedades prósperas en las que anida el germen de la violencia, sea ésta contra razas, etnias, sexos, religiones o cualquier forma de diferencia respecto a lo que algunos consideran como propio.

[2] El viernes se produjo el tercer atentado consecutivo con estas características en Londres. El primero fue contra negros; el segundo, contra asiáticos; el tercero, contra homosexuales. Los sospechosos: los «Lobos Blancos». No hace falta una gran perspicacia para adivinar la mano de la ideología nazi detrás de esta campaña, trágicamente repetida en la Europa que se creyó vacunada tras la II Guerra Mundial. En Alemania, pensadores y políticos alertan desde hace años sobre el peligro neonazi. En España se han dado casos puntuales, como en Francia. Estamos, por lo tanto, ante los síntomas de un problema serio que cuando se desata es difícil de combatir, porque su origen está en la irracionalidad y en el fanatismo.

[3] En efecto, el diagnóstico no está claro, aunque debemos apuntar a que en su base está la frustración social de grupos, normalmente de poca cultura y capacidad económica, que se sienten marginados o disminuidos por inmigrantes; o insultados en su código de valores por hábitos religiosos extranjeros, o por inclinaciones sexuales diferentes.

[4] Se podría decir que la educación es la respuesta. Pero no es sencillo. También puede ser necesaria la capacidad coercitiva pública.

LA RAZÓN.

Determina el tema contestando a la pregunta: ¿De qué trata este texto?

....

....

....

....

Enuncia la tesis. Responde a la pregunta: ¿Cuál es la postura del autor ante el tema?

....

....

....

....

Señala el cuerpo argumentativo con una raya vertical. Los argumentos responden a la pregunta: ¿Por qué dice eso el autor?

....

....

....

....

Enuncia de manera sintética la conclusión.

....

....

....

....

3 Justificar una opinión personal

63 Justificar una opinión personal consiste en enunciar nuestra opinión con un **punto de vista subjetivo**, y exponer las causas por las cuales opinamos de ese modo. No es necesario que intervenga el interlocutor ni intentamos convencerle, pues se trata de temas relacionados con nuestro gusto o interés. Sin embargo, argumentamos cuando tomamos posición frente a un **tema objetivo,** o del que adoptemos una **perspectiva objetiva**, que puede ser compartida o no por nuestro interlocutor.

Distinguir ambos conceptos es importante porque, de otro modo, caeremos con frecuencia en razonamientos falsos o erróneos, como después veremos.

Lee y observa:

JUSTIFICAR UNA OPINIÓN PERSONAL

ME GUSTA SER PERIODISTA porque:

- *me agrada mucho escribir*
- *soy muy curioso y deseo estar enterado de todo*
- *quiero que me respete la gente, y esta profesión da poder*
- *me permitirá asistir a fiestas y cócteles y conocer a gente importante.*

ARGUMENTAR UNA IDEA U OPINIÓN OBJETIVA

LA PROFESIÓN DE PERIODISTA ES INTERESANTE porque:

- *esta profesión ofrece la posibilidad de viajar y conocer otros países*
- *se conoce a personajes famosos*
- *es un trabajo creativo y muy interesante*
- *se gana bastante dinero.*

● Manifiesta tus preferencias profesionales para cuando seas mayor y explica las causas.

Me gustaría ser ....

....

....

....

....

....

● Indica algunas de las razones que puedan ser compartidas por otra persona y razona tu respuesta.

....

....

....

....

....

....

....

64 Lee con atención el texto siguiente.

Las sonrisas de la felicidad

TEXTO **ROSANA ARBELO** CANTANTE

No es fácil contarles en unas pocas líneas la importancia que tiene para mí poder disfrutar con el público en cada concierto que hago. Ustedes son esa ***Luna Nueva*** que alumbra mis canciones y cuyo reflejo me llega cada vez que les veo cantar conmigo esas historias que ya han hecho suyas. Cuántas veces he deseado poder bajarme del escenario y comprarme yo misma una entrada para poder escucharles. Ustedes son los que me hacen tomar impulso para subirme ahí arriba a cantarles, a intentar llenar sus corazones y, de paso, egoístamente si quieren, llenar también el mío. Ustedes son los protagonistas de esas canciones y eso es lo más bonito que me ha podido pasar.

Por eso acepté encantada la idea de grabar un concierto especialmente para la televisión en el que yo me convierto en ustedes y ustedes en mí. Soy yo quien mira hacia arriba en busca de esas sonrisas de felicidad. Desde aquí agradezco de corazón la presencia de los espectadores que compartieron conmigo en directo la grabación de este concierto. Igual que a ustedes, en su casa, por formar también parte de esa *Luna Nueva.* A todos, gracias por hacerme la más feliz de los mortales.

Rev. *CANAL+.*

Luna Nueva es una canción de Rosana que da título a uno de sus más conocidos discos.

- En este texto la cantante canaria nos explica las causas por las que aceptó grabar el concierto. Identifica y señala estas causas. Puedes empezar así:

  Acepté grabar este concierto porque:

  - *me agrada disfrutar con el público presente cuando canto*
  - *me gusta oír al público cantar mis canciones*

  ....

  ....

  ....

65 Para hacer en tu cuaderno.

Para hacer en tu cuaderno. Redacta un texto argumentativo sobre el tema de la droga con los argumentos que has aportado en la actividad 60 y expón una conclusión que recoja la tesis defendida. Ten en cuenta que no debes manifestar tus sentimientos o afectos.

4 Modo de formular una tesis

66 La tesis es la idea u opinión fundamental en torno a la cual se reflexiona. Normalmente aparece al principio del texto, pero también puede exponerse al final; en este caso, se omite la conclusión por ser innecesaria, ya que puede afirmarse que la tesis ocupa su lugar.

En la sociedad existen temas muy variados sobre los que las personas adoptan puntos de vista contrapuestos. De ellos surgen las tesis para defenderlas o refutarlas. El proceso para formular una tesis es, pues, el siguiente:

TEMA GENERAL

↓

AFIRMACIÓN SOBRE UN ASPECTO DEL TEMA, OBJETO DE ARGUMENTACIÓN (TESIS)

Observa algunas de las tesis que plantea Miguel Delibes sobre el medio ambiente en el libro anteriormente citado.

TEMA: MEDIO AMBIENTE

Tesis:

1. El progreso se vuelve contra el hombre.
2. La ciencia aplicada a la tecnología ha revolucionado la vida moderna.
3. El dinero se erige en símbolo e ídolo de la civilización actual.
4. En la actualidad la abundancia de medios técnicos permite la transformación del mundo a nuestro gusto.
5. Toda idea de futuro basada en el crecimiento ilimitado conduce al desastre.
6. La irresponsable voracidad del consumo trae como consecuencia el contumaz envenenamiento del medio.
7. La actual complejidad técnica ya no permite utilizar unas cosas sin manchar otras.

Modo de formular una tesis. Una tesis bien planteada ha de ajustarse a las características siguientes:

- Se formula de manera breve, concreta y sencilla, evitando el uso de términos ambiguos.
- Tiene que estar constituida por oraciones completas, con sentido, y sintácticamente correctas.
- Debe estar escrita en modo afirmativo.
- Ha de plantearse de manera objetiva: no puede incluir opiniones ni expresiones del tipo «yo pienso, yo creo, yo considero...».
- Tienen que aparecer las palabras clave referidas a la idea u opinión en torno a la que se construirá la argumentación.

● Formula otras tesis que se te ocurran, sobre el tema del medio ambiente.

....

....

67 A veces, frente a una estructura de encuadre, propia del texto argumentativo:

TESIS → ARGUMENTOS → CONCLUSIÓN

encontramos también estructuras inductivas o sintetizantes:

ARGUMENTOS O HECHOS → TESIS

- Lee con atención los textos siguientes y completa la ficha.

A

El libro

Quizá el Día del Libro tenga más realidad, es decir, capacidad de vida verdadera, que toda la muerte, artificialmente provocada, de las guerras, los armamentos y los odios de razas. El libro, como una pértiga invisible, nos hace saltar sobre los tiempos y las geografías, intemporal y a la vez universal. Como el testigo de una carrera compartida, pasa de mano en mano sin distinguir el color de la piel. Como una antorcha, alzado, ilumina su entorno con luz igualitaria. Nada, por muy nuevo que sea, podrá atentar contra el libro, que contiene la memoria y la profecía, no siempre tristes ni siempre alegres, de los hombres.

ANTONIO GALA (*EL MUNDO*).

B

Libertad de prensa

Hay guerras regionales de efectos escondidos, xenofobias larvadas o exaltadas, tráficos secretos de armas que enriquecen al Primer Mundo, injusticias flagrantes ensangrentadoras de los pueblos... Para que todo eso sea conocido y se trate de remediarlo o se le eche en cara a los criminales, es imprescindible la libertad de prensa. Sólo así la luz de la verdad entrará en las simas del beneficio deshonroso y de la delincuencia contra la Humanidad. Los periodistas, cuya voz traspasa los silencios cómplices y las fronteras, son nuestros mejores mensajeros. Alentémoslos. Oigámoslos. Hoy es su Día.

ANTONIO GALA (*EL MUNDO*).

	Texto A	**Texto B**
Tema (¿De qué trata?)		
Tesis (Idea que defiende)		
Argumentos (¿Por qué y cómo defiende esa tesis?)		
Conclusión		

- Explica la diferente estructura de uno y otro texto.

....

....

....

68 Elabora un inventario de, al menos, diez temas relevantes en la sociedad actual, que aparecen en periódicos y revistas o en los anuncios publicitarios de la televisión.

El tabaquismo	El deporte	La publicidad
El turismo y sus consecuencias	El conflicto generacional	Los problemas raciales
....	....	....
....	....	....
....	....	....

- Elige cuatro temas y redacta una tesis para cada uno de ellos:

  Ej.: *El tabaco perjudica seriamente la salud.*

....

....

....

....

69 Los refranes y los proverbios son dichos populares que reflejan la sabiduría de la gente; de ahí que pongan en evidencia muchos de los temas que preocupan a las personas. Lee con atención y elabora tesis sobre su contenido.

AMISTAD:

• Al amigo, con sus vicios.	*Hay que aceptar al amigo, con sus virtudes y sus defectos.*
• Del amigo usar, pero no abusar.	....
• Dime con quién andas y te diré quién eres.	....
• Quien presta a un amigo, compra un enemigo.	....
• Entre compañeros, nada se hace por dineros.	....

AMOR:

• Obras son amores, y no buenas razones.	....
• Frutos y amores, los primeros los mejores.	....
• Corazón apasionado no quiere ser aconsejado.	....
• El amor y el vino sacan al hombre de tino.	....
• Rey es el amor, y el dinero emperador.	....

HOMBRES Y MUJERES:

• En la casa el hombre reina, y la mujer gobierna.	....
• Hombre prevenido vale por dos.	....
• El hombre propone y la mujer dispone.	....
• Manos blancas no ofenden.	....

5 Los argumentos

70 Hemos definido un argumento como el razonamiento que intenta probar o refutar una tesis, convenciendo a alguien de la verdad o falsedad de la misma. Los argumentos han de fundamentarse sólidamente con ejemplos, datos, cifras, citas de personas o instituciones, evitando la intervención de nuestros sentimientos y emociones.

Clases de argumentos. Pueden ser de diversos tipos:

- **Argumentos de conocimiento general o de experiencia personal**. Así, expresiones como *el mar es una fuente de vida, al final la muerte nos iguala a todos, a nadie agrada ser desgraciado* o *el dinero lo puede casi todo,* son referentes del conocimiento de la realidad, de la experiencia personal o del sentir general de la sociedad.
- **Argumentos afectivo-emotivos.** Emplean recursos con los que intentan conmover al receptor introduciendo efectos de tipo sentimental o afectivo: *Tienes que estudiar más porque así tendrás contentos a tus padres.*
- **Argumentos de autoridad.** Son las razones que sobre la tesis han expuesto ya personas o instituciones de reconocido prestigio y que refuerzan los argumentos expuestos. Se expresan normalmente mediante una cita textual aunque a veces, por conocida, no se declara su origen.

  Ej.: *Como dice el poeta latino Horacio: «Hombre soy, y nada de lo humano debe serme extraño».*
- **Proverbios y refranes**. También puede apoyarse la idea expuesta en máximas, proverbios y refranes conservados por la tradición y que poseen un valor de verdad comúnmente aceptada y admitida sin reservas.

— No te enojes, Sancho, ni recibas pesadumbres de lo que oyeres, que será nunca acabar: ven tú con segura conciencia, y digan lo que dijeren; y *es querer atar las lenguas de los maldicientes lo mismo que poner puertas al campo.* Si el gobernador sale rico de su gobierno, dicen de él que ha sido un ladrón, y si sale pobre, que ha sido un para poco y un mentecato.

— A buen seguro —respondió Sancho— que por esta vez antes me han de tener por tonto que por ladrón.

MIGUEL DE CERVANTES: *El Quijote.*

- Analiza y determina de qué clase son los siguientes argumentos:
  - Si quieres aprobar todo: A Dios rogando y con el mazo dando. ....
  - Este año ha llovido mucho porque los pantanos están llenos a rebosar. ....
  - La democracia es el menos malo de los sistemas de gobierno porque el pueblo puede quitar el poder a los políticos corruptos. ....
  - El dinero lo puede todo: «Poderoso caballero es don dinero», dijo Quevedo. ....

- Hasta el final nadie es dichoso. ....

- El derecho a la vida es inalienable. ....

71 **Modo de formular argumentos**. Recomendaciones para formular argumentos:

- Cada fundamento debe dar una razón por la que se sostiene la opinión enunciada.
- Han de fundamentarse sólidamente con ejemplos, datos, cifras, citas de personas, etcétera.
- No deben incluirse afirmaciones que contradigan la opinión o que constituyan una excepción a la misma.
- Los fundamentos deben ser lo más concretos posible.
- Los fundamentos no deben repetirse entre sí; ni hay que repetir la opinión expresada con otros términos.

- Las frases célebres suelen emplearse como argumentos de autoridad. Lee con atención algunas citas sobre el tema de *la familia*, que publicó la revista *Muy interesante*.

- Elabora un texto argumentativo sobre este tema. Para ello, haz lo siguiente:

  - Enuncia la tesis.
  - Defiéndela con dos argumentos de autoridad, elegidos de las frases célebres, y otros dos basados en tu experiencia personal.
  - Enuncia, finalmente, una conclusión personal.

CITAS La familia

La familia proporciona unos valores que quedan para toda tu vida. Una familia unida y llena de amor es un lujo difícil de conseguir.

Daryl Hannah (nacida en 1963), actriz estadounidense.

Una familia feliz no es sino un paraíso anticipado.

Sir John Bowring (1792-1872), filósofo y político británico.

Nadie podrá decir que un nido calentito y dichoso dará de sí muy grandes seres. La inadaptación a lo imperfecto es lo que mejora al hombre.

Antonio Gala (nacido en 1930), escritor español.

Los hijos aprenden poco de las palabras; sólo sirven tus actos y la coherencia de éstos con las palabras.

Joan Manuel Serrat (nacido en 1943), cantautor español.

Quien quiere a su madre no puede ser malo.

Alfred de Musset (1810-1857), escritor francés.

La única porción de fortuna es la felicidad familiar.

Karl von Vierordt (1818-1884), médico alemán.

Mi madre es mi único mito.

Manuel Fraga (nacido en 1922), político español.

El hombre es un animal no social, sino cordial, y la familia es la forma menos imperfecta de la cordialidad humana.

Fernando Sánchez Dragó (nacido en 1936), escritor español.

Fui bohemio, pero pronto me vinieron las inclinaciones familiares. Es una forma de amar que me gusta.

Kiko Veneno (nacido en 1952), cantante español.

La familia es el castillo del que partimos y nuestro último reducto. Cuando se quiebra, caemos en la despersonalización más absoluta.

José L. Alonso de Santos (nacido en 1942), escritor español.

El manantial desaprueba casi siempre el itinerario del río.

Jean Cocteau (1889-1963), escritor francés.

Mientras usted reposa, yo descanso. (*Epitafio de un yerno en la tumba de su suegra.*)

Anónimo.

Los padres deberían darse cuenta de cuánto aburren a sus hijos.

George Bernard Shaw (1856-1950), dramaturgo irlandés.

MUY INTERESANTE.

Puedes empezar así:

La familia está formada por unos amigos que nos han sido dados por la Naturaleza.

....

72 **Análisis y comprensión de textos argumentativos**. Lee con atención.

Ser «humano»

[1] En alguna parte dice **Graham Greene** que «ser humano es también un deber». Se refería probablemente a esos atributos como la compasión por el prójimo, la solidaridad o la benevolencia hacia los demás que suelen considerarse rasgos propios de las personas «muy humanas», es decir aquellas que han saboreado «la leche de la humana ternura», según la hermosa expresión shakespeariana. Es un deber moral, entiende Greene, llegar a ser humano de tal modo. Y si es un deber cabe inferir que no se trata de algo fatal o necesario (no diríamos que morir es un «deber», puesto que a todos irremediablemente nos ocurre): habrá pues quien ni siquiera intente ser humano o quien lo intente y no lo logre, junto a los que triunfen en ese noble empeño. Es curioso este uso del adjetivo «humano» que convierte en objetivo lo que diríamos que es inevitable punto de partida. Nacemos humanos pero eso no basta: tenemos también que llegar a serlo. ¡Y se da por supuesto que podemos fracasar en el intento o rechazar la ocasión misma de intentarlo! Recordemos que Píndaro, el gran poeta griego, recomendó enigmáticamente: «Llega a ser el que eres.»

[2] Desde luego, en la cita de Graham Greene y en el uso común valorativo de la palabra se emplea «humano», como una especie de ideal y no sencillamente como la denominación específica de una clase de mamíferos parientes de los gorilas y los chimpancés. Pero hay una importante verdad antropológica insinuada en ese empleo de la voz «humano»: los humanos nacemos siéndolo ya, pero no lo somos del todo hasta después. Aunque no concedamos a la noción de «humano» ninguna especial relevancia moral, aunque aceptemos que también la cruel **lady Macbeth** era humana —pese a serle extraña o repugnante la leche de la humana amabilidad— y que son humanos y hasta demasiado humanos los tiranos, los asesinos, los violadores brutales y los torturadores de niños..., sigue siendo cierto que la humanidad plena no es simplemente algo biológico, una determinación genéticamente programada como la que hace alcachofas a las alcachofas y pulpos a los pulpos. Los demás seres vivos nacen ya siendo lo que definitivamente son, lo que irremediablemente van a ser pase lo que pase, mientras que de los humanos lo más que parece prudente decir es que nacemos para la humanidad.

[3] Nuestra humanidad biológica necesita una confirmación posterior, algo así como un segundo nacimiento en el que por medio de nuestro propio esfuerzo y de la relación con otros humanos se confirme definitivamente el primero. Hay que nacer para humano, pero sólo llegamos plenamente a serlo cuando los demás nos contagian su humanidad a propósito... y con nuestra complicidad. La condición humana es en parte espontaneidad natural pero también deliberación artificial: llegar a ser humano del todo —sea humano bueno o humano malo— es siempre un *arte.*

FERNANDO SAVATER: *El valor de educar.* Ed. Ariel.

Graham Green: famoso escritor norteamericano de este siglo.
Lady Macbeth: malvada protagonista de la tragedia *Macbeth*, obra del dramaturgo inglés William Shakespeare.

- Para comprender el texto y poder determinar su estructura, debes seguir los pasos aprendidos: lectura crítica, subrayado, etc. A continuación, debes reconocer las ideas principales que vertebran la estructura del texto argumentativo. Para ello, tienes que tener en cuenta las partes en que se organiza el contenido y lo que se dice en cada uno de los párrafos.

  - Formulación de la tesis. En este texto, Savater formula su tesis apoyándose en una idea de otro autor. Escríbela.

....
....
....

- Los argumentos.

  En el primer párrafo se dice que es «humano» el que es compasivo, solidario y bueno con el prójimo. Y esto es un deber moral, puesto que estamos obligados a esforzarnos para poseer esos atributos. Es cierto que nacemos humanos, pero no es suficiente: hay que llegar a serlo y, como dijo, Píndaro: «Llega a ser lo que eres».

- Continúa y realiza el resumen de los argumentos expuestos en el segundo párrafo.

....

....

....

....

- Enuncia, con tus propias palabras, la conclusión.

....

....

73 PARA HACER EN TU CUADERNO. Lee con atención y contesta.

La Expo de la ecología

«Esta exposición es un desafío para toda la humanidad. El desafío de preservar el planeta, de salvar la esperanza». Con estas palabras, el presidente portugués, Jorge Sampaio, inauguraba ayer la Exposición Universal de Lisboa, la última del milenio. La Expo de los océanos quiere ser bandera de la protección del medio ambiente, especialmente del marino. El emblemático oceanario de la exposición es, sin embargo, la imagen más viva de la enorme distancia que existe entre el deseo y la realidad. Concebido como un fragmento de mar aprisionado, el gigantesco acuario no se ha podido llenar con agua salada real, por las malas condiciones de los mares. Se ha preferido usar agua dulce y salarla artificialmente para asegurar el bienestar a los 15.000 ejemplares marinos que vivirán en su interior. Por si los propósitos ecologistas de los organizadores se prestaran a la ambigüedad, Greenpeace solicitó ayer a la ONU 10 medidas para atajar el deterioro de los océanos: reducir las flotas pesqueras, prohibir las redes de deriva y los vertidos tóxicos o radiactivos, etc. Todas ellas son de sobra conocidas por los gobiernos del mundo. La cuestión es ¿cuántas expos serán necesarias para que se decidan a ponerlas en práctica?

EL MUNDO.

- Determina el tema: ¿De qué trata el texto?
- Observa la tesis que plantea: *Hoy constituye un desafío para la humanidad el salvar el planeta.*
- Señala los argumentos que utiliza el autor y distingue de qué clase son.
- Enuncia la conclusión, con tus propias palabras.

6 Las falacias

74 Las falacias son razonamientos falsos o erróneos. En la mayoría de los casos se producen por ignorancia o inexperiencia de la persona que argumenta; pero, en otras ocasiones, se recurre a una argumentación incorrecta de forma consciente, con la intención de convencer al destinatario del mensaje por medios racionales.

La cantidad de falacias que se pueden observar, tanto en la conversación como en la lengua escrita, es sumamente amplia. Observa en el cuadro siguiente las más importantes, que vamos a estudiar:

Falacias que apelan a los sentimientos o afectos	Falacias que proceden de la vaguedad o ambigüedad del lenguaje	Falacias sustentadas en un razonamiento falso
• apelación al hombre • apelación a la autoridad • apelación a los sentimientos del destinatario	• equívoco • ambigüedad	• la falsa relación causa-efecto • aplicar una regla general a un caso particular • generalización apresurada • la pregunta compleja • apelación a la ignorancia del interlocutor • argumento de círculo vicioso

A) FALACIAS QUE APELAN A RESORTES PSICOLÓGICOS O AFECTIVOS:

- **Apelación al hombre**. Es ofensivo: cuando es imposible refutar racionalmente lo que otro dice, se ataca a quien lo dice. Ej.: *Tú no puedes opinar sobre honestidad política porque has estado en la cárcel durante dos años por estafador.* Es una falacia porque toda persona tiene derecho a opinar de cualquier tema.

- **Apelación a la autoridad o prestigio de una persona**. Para apoyar nuestra opinión e impresionar a nuestro opositor, apelamos a las palabras de una persona famosa o bien a la autoridad de quien las dice. Es una falacia sólo cuando se tergiversa la intención de las palabras para forzarlas a que se adapten a nuestra postura, o cuando se cita como autoridad de un tema específico a un especialista en otra rama del saber.
Ej.: *¿Cómo vais a poner en duda mis palabras (un político), si he sido votado por la mayoría de este pueblo?* Un político votado en unas elecciones libres tiene el refrendo democrático para ocupar un cargo público, pero este hecho no constituye ninguna garantía de credibilidad para hacer afirmaciones sobre algún asunto.

- **Apelación a los sentimientos del destinatario**. Se cae en esta falacia cuando se trata de mover la piedad de la otra persona para conseguir un trato de favor.
Ej.: *¡Profesor, no me suspenda! ¡Mi mamá, que está enferma, se disgustará mucho!* No debe confundirse con el argumento afectivo ya que es sólo una falacia cuando se persigue un trato de favor.

MODO DE EVITARLAS

Los argumentos sustentados en lo afectivo son los más fáciles de descubrir.

Recomendaciones:

- Evitar asuntos que carecen de importancia en relación a lo que se argumenta.
- No citar a una autoridad fuera de su campo de conocimientos; expresar siempre las fuentes para su posterior comprobación.
- Recordar que en la argumentación hay que ser objetivos y que no se puede apelar a las emociones y sentimientos del destinatario para conseguir un trato de favor en algún asunto.

B) FALACIAS QUE PROCEDEN DE LA VAGUEDAD O AMBIGÜEDAD DEL LENGUAJE:

- **Equívoco**. Se produce en razonamientos cuya formulación utiliza palabras o frases ambiguas que cambian de sentido en el transcurso del juicio o razonamiento.
  Ej.: *El fin de una cosa es su perfección; la muerte es el fin de la vida, por lo tanto la muerte es la perfección de la vida.*
  La palabra «fin» está utilizada con dos significados distintos; en la primera afirmación, «fin» es sinónimo de «objetivo»; en la segunda, tiene el sentido de «terminación».

- **Ambigüedad**. Consiste en presentar una información confusa por combinar palabras de manera descuidada o torpe. Ej.: *Cómo conservar los dientes sanos (Cómo conservar sanos los dientes); Cuando Antonio se casó con Ana, sus hijos se enfadaron (¿Los hijos de quién?, ¿de Antonio?, ¿de Ana?).*

MODO DE EVITARLAS

Para evitar las falacias lingüísticas, es fundamental ponerse de acuerdo acerca de la significación de los términos y expresar correctamente el significado de las frases.

Recomendaciones:

- Utilizar cada término, que se repite en el razonamiento, con un mismo significado.
- Cuidar el uso apropiado de posesivos y reflexivos; y colocar los complementos cerca de sus núcleos respectivos.

C) FALACIAS SUSTENTADAS EN UN RAZONAMIENTO FALSO:

- **La falsa relación causa-efecto.** Consiste en establecer como causa de un hecho algo que ha ocurrido inmediatamente antes en el tiempo.
  Ej.: *Juan encerró a su perro. A los pocos días le entró la rabia al animal. Por lo tanto, el encierro es el que causó la rabia.*

- **Aplicar una regla general a un caso particular excepcional**.
  Ej.: *No se deben consumir alimentos viejos. Por lo tanto el jamón, que es un producto no fresco, es nocivo para la salud.*

- **Generalización apresurada**. Es contrario al anterior: consiste en partir de excepciones para enunciar una regla que pretendemos de validez general. Ej.: *Antonio es médico y no fuma; los médicos no fuman.*

- **La pregunta compleja**. Consiste en formular una pregunta que se sustenta en otra pregunta anterior, a la que se da por supuesta una respuesta afirmativa.
  Ej.: *¿Cómo se arregla para copiar en los exámenes?* Contestar esta pregunta significa aceptar que, en efecto, el interrogado ha copiado. Es como si hubiera contestado afirmativamente a una pregunta anterior: *¿Usted copia en los exámenes?*

- **Apelación a la ignorancia del interlocutor**. Consiste en defender que un enunciado es falso porque nadie ha conseguido probar su verdad; o que el enunciado es verdadero porque nadie ha probado que es falso.
  Ej.: *Nadie ha podido demostrar que existan otros planetas habitados; por tanto, hemos de deducir que la Tierra es el único en que puede haber seres inteligentes.*

- **Argumento de círculo vicioso**. Consiste en hacer una afirmación y defenderla presentando razones que significan lo mismo que la afirmación original. Ej.: *Una goma se estira porque es elástica; el azúcar se disuelve porque es soluble.* Habrá que decir que *una goma es elástica porque se estira* o que *el azúcar es soluble porque se disuelve.*

MODO DE EVITARLAS

Recomendaciones:

- Cuidar la relación causa-efecto en los enunciados; verificar que las causas que se atribuyen son reales.
- No aplicar lo particular a lo general, ni lo contrario sin la demostración oportuna.
- Formular afirmaciones no categóricas que no sean universales o que no se puedan demostrar.
- No afirmar o negar categóricamente hechos cuya verdad o falsedad está condicionada a la contingencia de futuras comprobaciones.
- La explicación de una afirmación no debe repetir en otras palabras lo que ya está implícito en el enunciado.

Lee las siguientes frases y explica si constituyen o no razonamientos falsos.

CREMA PARA MANOS DE GLICELINA	Se dan CLASES DE MATEMÁTICAS PARA ALUMNOS PARTICULARES	CÓMO CONSERVAR **LOS DIENTES** SANOS

....

....

- Es verdad que en Marte no hay vida, porque lo ha dicho mi padre, que es muy listo. — Es una falacia: *se apela a la falsa autoridad.*
- Tú no conoces el problema de los inmigrantes porque eres blanco y vives en un país rico. — ....
- Ese señor no puede ser de izquierdas porque tiene mucho dinero. — ....
- Los fantasmas deben existir, ya que nadie ha demostrado lo contrario. — ....
- No he aprobado matemáticas porque el profesor era muy exigente. — ....
- ¿Por qué has molestado a mi hermana? — ....
- El plomo es más pesado que el hierro porque pesa más. — ....
- No debes comprar una moto a tu hijo; los jóvenes motorizados sufren muchos accidentes. — ....
- Todo se puede conseguir en la vida con la suficiente astucia, pues como dijo Arquímedes: «dadme una palanca y moveré el mundo». — ....
- Un chiste: «Mi general, hemos perdido la batalla». «Pues que la busquen», contesta el general. — ....
- Rebájeme quinientas pesetas porque es un regalo para mi hermano invidente. — ....
- Tú no puedes opinar sobre racismo porque eres negro. — ....
- No discutas de política con el abuelo, ya que ha conocido muchos regímenes políticos. — ....

75 La prensa ha sido llamada el «cuarto poder» por la capacidad que tiene para orientar la opinión pública. Por eso, hay que leerla de manera crítica con el fin de descubrir las falacias y evitar manipulaciones. Lee con atención.

DE VICIO

[1] Mi amigo Toni Miró me contaba que, en un reciente vuelo a Tokio, le impresionó el contraste de ambientes que reinaba entre la zona de fumadores y la de no fumadores. En la primera, los pasajeros parecían disfrutar de una juerga improvisada en la que compartían copas, cigarrillos y conversación, ante la perspectiva de un viaje largo cuya comodidad depende del bienestar de uno en relación con los demás. En la zona de no fumadores, reinaban el silencio y el orden: la mayoría dormía, otros leían y unos pocos volaban inmersos en sus ordenadores portátiles. Me comentaba mi amigo que era una clara visión de dos formas de entender la vida, dos culturas con, a veces, hábitos excesivos que las leyes protegen o denuncian según les conviene.

[2] Actualmente, esas leyes se inclinan por la revisión o la prohibición, a partir, en la mayoría de los casos, de la lucha de intereses macroeconómicos derivados de la producción de bienes de consumo y de la financiación de la hacienda y la sanidad públicas. Así, los llamados vicios legales, como fumar, beber, comer, jugar, los controla el Estado, que acaba escindiendo al ciudadano en polos opuestos: correctos y libertinos, siendo los primeros, generalmente, más intolerantes que los segundos. Según Oscar Wilde, «el supremo vicio es la estrechez de espíritu».

[3] Civilización y búsqueda de la felicidad corren parejas desde que griegos y romanos antiguos dedicaron grandes momentos de su historia al banquete, la conversación y la risa, el erotismo y el exceso. En esa zona fronteriza situada entre el placer y el vicio, se halla la cultura de los que alternan lo permitido y lo prohibido, en suma, los que no renuncian a los gozos y los riesgos de la propia vida. El disfrute vicioso del placer es un lenguaje que se comparte y crea tan sólidas complicidades como poderosos enemigos. Esta época en la que el Estado-pulpo y sus infinitas ventosas se atreven a demonizar algunas relaciones del individuo con su propio cuerpo y con su entorno, tan gozosas como naturales, está creando injerencias insoportables en la vida privada y pública... Es el momento de volver a la civilización.

[4] «De los fumadores, podemos aprender la tolerancia. Todavía no conozco uno solo que se haya quejado de los no fumadores», dijo Sandro Pertini, quien fue presidente de Italia. El español Club de Fumadores por la Tolerancia nació en 1995, fruto de la complicidad entre los que fuman y los que no lo hacen para descriminalizar el hecho de fumar y fomentar la libertad y la cortesía entre todos. Entre sus socios fundadores figuran el filósofo Fernando Savater, el escritor Javier Marías, el poeta Luis Antonio de Villena, la periodista Carmen Rico Godoy. Uno de sus portavoces, Álvaro Garrido, es miembro de Smokepeace Europe, la organización europea que aglutina a los fumadores y no fumadores respetuosos de varios países y que publica documentos tan curiosos y útiles como una lista de las compañías aéreas del mundo que permiten fumar en sus vuelos. Iberia está entre las que más se resisten a la moda norteamericana del antitabaquismo por decreto: en sus vuelos extraterritoriales de más de noventa minutos existe por ley una amplia zona para fumadores, muy solicitada dentro y fuera de España. Si en la América indígena el tabaco fue un vehículo de comunicación con los dioses —véase la pipa de la paz—, hoy lo es con los hombres y en todas partes. Especialmente en España y otros países mediterráneos en los que el individuo tiene muy arraigada su cultura de la felicidad de los sentidos, avalada por veinticinco siglos de civilización.

SILVIA ALEXANDROWITCH: (Rev. *VOGUE*).

- Comprueba si lo has comprendido:
  - ¿Cuál es el tema? ....
  - ¿Qué tesis defiende la autora?

....

- Analiza si son correctos o razonamientos erróneos los siguientes argumentos:

a) Los personas que beben y fuman son simpáticas; las que no, aburridas. ....

b) El Estado permite o prohíbe ciertos «vicios» en función de intereses económicos. ....

c) Según Oscar Wilde, «el supremo vicio es la estrechez de espíritu».

....

d) «De los fumadores, podemos aprender la tolerancia. Todavía no conozco uno solo que se haya quejado de los no fumadores», dijo Sandro Pertini.

....

e) Si en la América indígena el tabaco fue un vehículo de comunicación con los dioses —véase la pipa de la paz—, hoy lo es con los hombres y en todas partes.

....

- Enuncia la conclusión.

....

76 PARA HACER EN TU CUADERNO. Lee con atención y observa la comicidad del texto mediante la incoherencia en el uso del lenguaje.

Dionisio y Paula

DIONISIO. Yo aprenderé a bailar como bailas tú y como baila Buby...

PAULA. Bailar es más difícil todavía. Duelen mucho las piernas y apenas gana uno dinero para vivir...

DIONISIO. Yo tendré paciencia y lograré tener cabeza de vaca y cola de cocodrilo...

PAULA. Eso cuesta aún más trabajo... Y después, la cola molesta muchísimo cuando se viaja en el tren...

(DIONISIO *va a sentarse junto a ella.*)

DIONISIO. ¡Yo haré algo extraordinario para poder ir contigo!... ¡Siempre me has dicho que soy un muchacho muy maravilloso!...

PAULA. Y lo eres. Eres tan maravilloso, que dentro de un rato te vas a casar, y yo no lo sabía...

DIONISIO. Aún es tiempo. Dejaremos todo esto y nos iremos a Londres...

PAULA. ¿Tú sabes hablar inglés?

DIONISIO. No. Pero nos iremos a un pueblo de Londres. La gente de Londres habla inglés porque todos son riquísimos y tienen mucho dinero para aprender esas tonterías. Pero la gente de los pueblos de Londres, como son más pobres y no tienen dinero para aprender esas cosas, hablan como tú y como yo... ¡Hablan como en todos los pueblos del mundo!... ¡Y son felices!...

PAULA. ¡Pero en Inglaterra hay demasiados detectives!...

DIONISIO. ¡Nos iremos a La Habana!

PAULA. En La Habana hay demasiados plátanos...

DIONISIO. ¡Nos iremos al desierto!

PAULA. Allí se van todos los que se disgustan, y ya los desiertos están llenos de gente y de piscinas.

DIONISIO. *(Triste.)* Entonces es que tú no quieres venir conmigo.

PAULA. No. Realmente yo no quisiera irme contigo, Dionisio...

MIGUEL MIHURA: ***Tres sombreros de copa*. Ed. Cátedra.**

- Para que comprendas el texto, debes conocer la situación comunicativa: Se trata de un texto teatral en el que el autor da voz a unos personajes para conseguir el humor y la risa de lectores y espectadores mediante unos diálogos incoherentes.
  - Así, cuando Dionisio dice que logrará tener *cabeza de vaca y cola de cocodrilo,* disfraces propios de un espectáculo circense, no de un bailarín, Paula le contesta: *Y después, la cola molesta muchísimo cuando se viaja en el tren,* lo cual es totalmente improbable ya que ningún artista utiliza un medio de transporte con un disfraz tan incómodo.
  - Señala otras incoherencias que observas en el texto y explícalas.

7 El texto expositivo-argumentativo

77 En muchos textos argumentativos se combinan partes expositivas —presentación de hechos— y partes argumentativas —razones que apoyan una determinada idea u opinión—. En la parte expositiva el emisor permanece generalmente oculto tras fórmulas impersonales; en la argumentación es frecuente la presencia del emisor —uso de la primera persona en verbos y pronombres— y del destinatario, al que se dirige para solicitar su adhesión a la tesis que defiende.

Estructura del texto expositivo-argumentativo. Los textos argumentativos suelen estructurarse en cuatro partes claramente diferenciadas:

- La **presentación** es una especie de introducción en la que se cita la noticia o hecho que justifica el texto y se presenta el tema sobre el que se va a argumentar.
- La **exposición de los hechos**, donde se enumeran y explican los hechos que se consideran relevantes, y se presenta la tesis.
- La **argumentación** contiene las razones que apoyan la tesis.
- La **conclusión**, que resume la tesis y los argumentos principales.

● Lee con atención.

El pesimismo optimista

[1] Estoy acostumbrado a soportar que, después de escuchar una de mis charlas o leer algún libro mío, haya alguien que se acerque y me diga, con leve reproche: «Me parece que es usted demasiado optimista». Como yo me tengo por un auténtico **integrista** del pesimismo, a veces me siento un poco dolido. Hasta que recuerdo que es una cuestión de perspectiva, como cuando alguien que está frente a nosotros dice «a la izquierda» y uno reprocesa inmediatamente la indicación con un «o sea, a mi derecha». Para mí, el pesimismo y el optimismo son actitudes teóricas ante el universo, mientras que para la mayoría de la gente son disposiciones prácticas o sólo reconocibles por sus efectos prácticos (que por otra parte suelen interpretar también al revés).

[2] La mayoría de la gente —aunque no usted, querido lector, cuya inteligencia natural le hace coincidir con mi punto de vista— cree que es *pesimista* quien nunca mueve un dedo para modificar el orden del mundo porque no vale la pena ni intentarlo, ya que es imposible. Usted y yo sabemos que pereza y pesimismo no son lo mismo (al contrario, la pereza suele ser muy optimista): por tanto, como buenos pesimistas, luchamos sin cesar contra lo que nos parece malo porque estamos convencidos de que nos va la vida en ello.

[3] Según yo lo entiendo —es decir, usted y yo lo entendemos— *pesimista* es quien está convencido: *a*) de la presencia poderosa y real de lo malo en este mundo; *b*) de que lo malo nunca es sólo malo para otros, sino que siempre descubrirá nuestro escondrijo e irá también a por nosotros. Luego nuestro pesimismo es necesariamente activo y defensivo, nunca inmovilista. Supongamos que alguien descubre que en su casa (o en casa del vecino) hay fuego. Si es un verdadero optimista se sentará a ver la televisión, convencido de que en pocos minutos llegarán los bomberos a apagar el incendio (o de que el fuego no se extenderá desde la casa del vecino hasta la propia). En cambio, el pesimista, convencido de que los bomberos siempre llegan demasiado tarde y de que todos los fuegos se propagan velozmente, se pondrá de inmediato a intentar sofocar las llamas propias o ajenas.

[4] El verdadero pesimista sabe que las cosas se desordenan poco a poco automáticamente, porque lo natural en este mundo **entrópico** es el desorden, pero que nunca se ordenan sin poner nosotros manos a la obra. Mientras el optimista, que cree que todo está ya en orden o en vías de ordenarse solo, duerme la siesta.

[5] Esta diferencia de perspectiva es mi única discrepancia con un libro que por otra arte me resulta positivamente simpático: *Optimismo inteligente,* de María Dolores Avia y Carmelo Vázquez (editorial Alianza). Se trata de un razonable estudio que ofrece argumentos de peso contra la pereza y la apatía vital, que ellos consideran señales de pesimismo. Si su obra se hubiera titulado *Pesimismo inteligente* me hubiera parecido perfecta... Pero no nos enredemos en disputas de palabras. Admitamos que existe un «pesimismo optimista», que no busca coartadas para arrojar la toalla ante lo inevitable, sino que lo ve como un estímulo para poner manos a la obra e intentar salvar lo que pueda salvarse... ¡o por lo menos no perecer sin luchar! Si de lo que se trata es de amar la vida, seguro que la quiere más el que la ve en peligro e intenta rescatarla que quien la considera ya salvada por la benevolencia del destino o de los dioses.

[6] Puede que también haya un pesimismo inmovilista, cuyos creyentes decidan que no merece la pena tomarse molestias. Seguro que comparten un criterio de Leibniz que pasa por el colmo del optimismo y según el cual, ¡imagínense!, el nuestro es "el mejor de los mundos posibles...".

integrista: partidario del inmovilismo ideológico o religioso.
entrópico: desordenado.

FERNANDO SAVATER: *EL PAÍS.*

- En el párrafo [1] presenta el tema: «pesimismo u optimismo: una cuestión de perspectiva», es decir, depende del punto de vista desde donde se mire.
- En el párrafo [2] formula la tesis: el buen pesimista es un hombre activo ante la maldad del mundo.
- Señala los argumentos que expone en los párrafos [3], [4] y [5].

....
....
....
....
....
....
....
....

- Observa el modo de exponer la conclusión: ocupa la mitad del párrafo [5] y el párrafo [6]. Enúnciala brevemente.

....

- En el párrafo [6] expone un argumento de autoridad para reforzar la tesis y la conclusión. ¿Crees que este argumento es aceptado mayoritariamente por las personas? ¿Por qué?

....
....

- Muchas veces el título es una forma sintética de exponer el tema del texto. El título de este texto es una paradoja, es decir, una afirmación aparentemente contradictoria. Explica la relación entre el título y el tema.

....
....
....

78 PARA HACER EN TU CUADERNO. Lee de manera crítica y subraya las ideas principales.

Los otros

[1] Los otros, los más raros, los más cercanos y a la vez más desconocidos, no son nuestros semejantes, con los que al fin y al cabo nos une la posibilidad de la palabra. Los insondablemente otros de verdad son los animales, y como con ellos no solemos tener relaciones obligatorias, es frecuente que muchos miembros de nuestra especie no lleguen a verlos o se jacten de no soportarlos, como si en esta actitud hubiera algo de distinguido, como si nuestra supremacía natural convirtiera en valiosa una declaración de antojo o desdén. Basta observar el arte de los primitivos o el de los egipcios para darse cuenta de que los animales son dioses caídos y príncipes destronados, siervos ahora y víctimas de quienes en otros tiempos los adoraban o vivían aterrorizados por ellos. Los dioses egipcios con cabeza de león, de vaca, de halcón, de chacal, de mono; los dibujos delicadísimos y casi abstractos de animales que trazaban los cazadores neolíticos en las oquedades de las rocas, y los indios de las praderas de América, sobre la piel tensa y alisada de los bisontes; las fábulas griegas y romanas y las que contaban hasta hace no mucho los hombres del campo: a lo largo de todos esos relatos y de esas visiones, el animal es más sabio, más ágil, más capaz de compasión y de afecto que el ser humano, y muchas veces lo auxilia y lo guía en el cumplimiento de su propósito, y si el humano tiene un gesto de simpatía hacia él, suele recompensarle con un premio. [...]

[2] Hubo un momento en que las extensiones oceánicas de los bisontes quedaron reducidas, por culpa de la codicia y la saña de los cazadores blancos, a no más de mil cabezas. Un destino parecido y tal vez inminente aguarda ahora a los hermosos tigres, a los rinocerontes, a los gorilas, perseguidos con una fría ferocidad de la que ellos no son capaces ni en sus instantes de más ira; cazados para arrancarles la piel, o para obtener de sus cuernos el polvo de una medicina quimérica; o para fabricarse, con la mano o la cabeza de un gorila, un cenicero, un pisapapeles. A nadie se le piden cuentas por el genocidio de los animales, y menos aún en un país tan cruel con ellos como el nuestro, donde el mal trato que se les inflige se corresponde con un recelo despectivo hacia quien les muestre abierta simpatía. Enseguida le dicen a uno que es inmoral o ridículo preocuparse por el bienestar de los animales cuando hay tantos seres humanos que sufren, pero no creo que la falta de compasión hacia el sufrimiento de un animal sea indicio de solidaridad con el de un ser humano.

[3] Quién puede saber, además, cuál es la hondura del dolor de los animales, cómo es su angustia o su terror, su soledad, su desesperación. Un amigo veterinario me explica que, para muchos perros, quedarse solos es una desgracia que llega a enloquecerles. Se sabe que la carne de los terneros y los cerdos hacinados brutalmente en los camiones y empujados sin miramiento hacia la matanza contiene unas toxinas producidas por el pavor. Yo vi una vez a un gorila solo en una jaula, casi en la oscuridad, al fondo de un túnel de cemento, en el zoológico de Madrid, y creo que nunca he percibido con más fuerza la desolación absoluta de alguien esclavizado y encerrado, condenado a no salir nunca del confinamiento tras las rejas de una celda.[...] Leo estos días que el patrimonio genético de los gorilas es idéntico al de los humanos en un 95%: sea cual sea, la diferencia es tan pequeña que da motivo para el desasosiego. De pronto, se da uno cuenta de que la extensión del dolor en el mundo puede ser aún mayor de lo que imaginaba, y de que al número de las infamias que los hombres infligen a sus semejantes hay que añadir las que se cometen contra los animales. Miro a los ojos al perro que tengo cerca mientras escribo y me cuesta sostener su mirada.

ANTONIO MUÑOZ MOLINA: *EL PAÍS SEMANAL.*

- En este texto la tesis se plantea al final, unida a la conclusión; sin embargo, el tema aparece expuesto en el inicio. Enuncia el tema y la tesis que defiende.
- Explica la progresión temática a través de la exposición de los argumentos:

desprecio hacia los animales → respeto y consideración en otras culturas
buen trato a los animales → ayuda y preocupación por el ser humano
genocidio y mal trato → no supone mayor solidaridad con los hombres
sufrimiento y dolor de los animales → semejanza genética con los humanos.

8 La argumentación en los medios de comunicación

79 **Finalidad de la comunicación periodística**. Cumple tres finalidades principales:

- *Informar* con objetividad acerca de los acontecimientos de actualidad y de interés para los lectores.
- *Formar la opinión* de los lectores orientándoles sobre la transcendencia de estos acontecimientos, mediante la emisión de juicios de valor sobre las actuaciones sociales y políticas.
- *Educar* al público, en cuanto que transmite valores sociales y culturales a través de la información e interpretación de los hechos.

A continuación, vamos a ver tres tipos de textos expositivo-argumentativos que aparecen en la prensa: el artículo de opinión, el editorial y la crítica.

El artículo de opinión. Es un escrito en el que el periodista o persona de reconocido prestigio expresa su punto de vista sobre algún suceso o acontecimiento de actualidad que se considera de especial relevancia para la colectividad. Esta noticia se interpreta, explica y valora tratando de extraer conclusiones de carácter general.

● Lee con atención:

Manantial

La humanidad también tiene sus manantiales. A media tarde me gusta caminar por la ciudad entre el agua turbia de la gente. Es increíble la cantidad de seres deteriorados que la corriente de la vida arrastra por la calle. La mayoría de los rostros son cantos rodados. Los cuerpos han sido moldeados tal vez por unos sueños no cumplidos y a partir de un tiempo comienzan a formar parte de la ciénaga que se produce en cualquier desembocadura. Pero en medio de la carne pantanosa de la ciudad de pronto te encuentras con un manantial de agua pura **brollando**: un colegio de niños está manando en el asfalto. Aflora a borbotones por las puertas, invade la explanada de cemento, choca contra las tapias, se desliza por la acera y parte de esa corriente llena de remolinos y risas furiosas inunda los autobuses. El resto se derrama en todas las direcciones buscando el **alvéolo** que un día les llevará al mar. A media tarde en toda la ciudad se multiplican estas fuentes limpias en su nacimiento: la salida de niños y adolescentes de los colegios e institutos. Da la sensación de que uno ha llegado en su travesía de la ciudad apestosa a un manantial de alta montaña parejo con la nieve. Después de muchos años he conseguido ver esta carne nueva como un paisaje, como un agua muy pura que se va desarrollando en diversos tramos: en el jardín del colegio quedan las miradas verdes de los párvulos, en la esquina siguiente unas niñas encienden el primer cigarrillo y al doblar la calle una pareja de adolescentes se acaricia entre dos coches y así la vida se va enturbiando hasta hacerse río amarillo. Hoy los manantiales de la naturaleza están todos contaminados. Los pesticidas y vertidos industriales con las lluvias penetran en los **veneros**. La gente sensata no osa beber en ellos, ni siquiera en los que **san Juan de la Cruz** cuenta que reflejaban los ojos del amado. Me pregunto si estos manantiales que brotan de los colegios también nacen ya impuros, si el detrito de la sociedad que va calando cada día llega al estrato donde está el alma de los niños.

brollando: borboteando; **alvéolo**: celdilla; **venero**: manantial de agua; **san Juan de la Cruz**: poeta místico del siglo XVI.

MANUEL VICENT: *EL PAÍS.*

- El tema es «el deterioro moral de los hombres», que se identifica con el agua sucia y pantanosa de la desembocadura de los ríos. Explica la organización del contenido:
  - La tesis: *Los niños y los jóvenes son los manantiales limpios de la humanidad.*
  - Señala los argumentos que expone:

....
....
....
....
....
....

  - Enuncia la conclusión de manera sintética.

....
....

  - **Valoración crítica**: ¿Estás de acuerdo con el autor en que el hecho de que unas niñas enciendan un cigarrillo o de que dos adolescentes se acaricien sea reflejo del deterioro moral de la juventud?

....
....
....
....
....
....

80

El editorial. El artículo editorial es la opinión del periódico sobre la noticia más relevante de la actualidad. Su redacción se confía a personas identificadas con la línea ideológica y política de la dirección y los propietarios de la empresa. Por ello, aparece sin firma en un lugar destacado y fijo del periódico.

El estilo debe respetar las notas principales de la información periodística: objetividad, concisión y claridad; pero el hecho de que su autor sea *colectivo,* pues se considera la conciencia del periódico, exige un tono elevado, evitando el empleo del *yo* y los giros desenfadados y humorísticos, propios de otros artículos.

Sensacionalismo

[1] En *Las ranas,* Aristófanes hace decir a Eurípides: «He hecho el drama democrático; he escenificado la vida de cada día, la manera en que vivimos». Hace más de 2.300 años que los escritores griegos descubrieron que casi todos los acontecimientos tienen una dimensión humana. El periodismo, un oficio mucho más joven y de territorio impreciso, ha intentado con distinta fortuna aproximar aquel hecho a audiencias indiscriminadas. Pero en el camino se ha topado, se topa cada vez más, con la máxima perversión de la idea clásica: el **sensacionalismo**.

[2] El creciente tirón del **amarillismo** informativo no es una degradación confinada a sociedades poco instruidas o a países desvertebrados. Por el contrario, coincide con una época de grandes medios materiales y de libertad sin precedentes. La atracción por el escándalo en sí mismo, su mercantilización, florece en las democracias occidentales avanzadas y alcanza a periódicos que gozaron fama de respetables, y que aún tratan de mantener esa apariencia, infestados como están por el mal del amarillismo. Nos recuerda a los periodistas, si fuera necesario, que la libertad no inmuniza frente a la manipulación, la mentira o el empleo de la palabra, como invasor abusivo de la privacidad ajena.

[3] El sensacionalismo no se alimenta sólo de sexo o violencia, por más que la audiovisualización imparable haya privilegiado estos dos ingredientes. La lucha por el poder político o económico atizan por igual la caldera de la intromisión inmisericorde en las vidas personales. Todo vale para transformar en inquisidores a periódicos y periodistas. Mario Vargas Llosa sostenía en el artículo por el que recibió ayer el Premio Ortega y Gasset de 1999, *Nuevas inquisiciones,* que la causa última de esta alarmante apuesta informativa es la banalización de la cultura imperante, un hecho contra el que el escritor no encuentra cura.

[4] En las escuelas de periodismo se enseña que la prensa libre justifica su existencia en términos de imperativos morales. Desde aquí queremos creer —y apostamos por ello— que en nuestra sociedad de comunicación global instantánea, sometida a un embate incesante de estímulos imposibles de clasificar y digerir, todavía es posible un compromiso cotidiano con la libertad y la verdad. Que haga de los periódicos, a pesar de sus errores, instrumentos de convivencia creíbles y relegue el amarillismo a moda pasajera o a marca de fábrica para uso de adeptos.

EL PAÍS.

sensacionalismo: hace referencia a la información carente de objetividad y que acentúa algún hecho noticioso con intenciones poco éticas; **amarillismo**: cuando la prensa informa, sin la debida ética, de temas sociales o políticos.

- El tema, como ves, es «la falta de ética en algunos medios periodísticos». Los programas de televisión que emplean el sensacionalismo se denominan «programas basura».
  - La tesis que defiende es que «muchos medios de comunicación han pervertido, mediante el sensacionalismo, la función propia de la comunicación periodística: acercar los acontecimientos relevantes de la humanidad a lectores o espectadores».
  - Señala los argumentos que emplea.

....

....

....

....

  - Enuncia de manera sintética la conclusión.

....

....

  - **Valoración crítica**. Expón, de manera razonada, tu opinión personal sobre «el amarillismo periodístico».

....

....

....

....

....

....

....

....

....

81 **La crítica periodística**. La crítica periodística tiene una triple función: informar, orientar y educar. También tiene, a veces, la función de entretener, en aquellas críticas satíricas e incisivas que provocan la hilaridad y la sonrisa fácil.

- La *función informativa* viene determinada por el hecho noticioso que genera la salida al mercado de un producto cultural: libro, película, disco, etcétera.
- La *función orientadora* está patente en cuanto que se emite el juicio de un experto que interpreta y valora una obra con el fin de que el público pueda decidir sobre el interés que ofrece para verla, leerla, etcétera.
- La *función educativa* se muestra al examinar el crítico los fundamentos de nuestras convicciones y creencias, y al orientar y reorientar nuestros juicios sobre la verdad, bondad y belleza de las cosas.

Lee con atención:

Argumentos en llamas

[1] Acabo de apagar el televisor después de ver saltar por los aires naves industriales por la explosión en cadena de unos tanques de propano almacenados en una de ellas. Han volado como pavesas unas 10 ó 12 personas envueltas en llamas, todas ellas del bando de los malos, debido al pesquis de un policía que trataba de salvar a una testigo protegida por el Gobierno. Volaron también por los aires millones de dólares, lo cual le produjo al jefe de los malos un comprensible ataque de desesperación. Tras la explosión en cadena, la testigo (muy mona), el policía y el malo se vuelven a encontrar en una lucha cara a cara como si lo de antes no hubiera causado suficiente estrago. Al final, el policía liquidará al malo —que se había escudado en la testigo, el muy asqueroso—, haciendo lo que tenía que haber hecho desde antes de empezar la película, es decir, pegándole un tiro. Pero ese tiro ha tardado en llegar una hora y media, más los anuncios.

[2] Yo utilizo a menudo la televisión como relax porque, en general, como da imagen plana en el cerebro, me lo deja nuevo después de una jornada de trabajo; si no, no tendría noticia de estas películas tan impresionantes. Pero si las menciono es porque he empezado a repensar mi vieja afición al cine, la época de los programas dobles que le ocupaban a uno las horas de luz de una tarde y de cuyas salas de proyección salía, en palabras del sabio poeta Antonio Sarrión, con «los ojos ardiendo como faros». No niego que aquella fascinación procediera de la penuria de medios de representación de una época, pero no es menos cierto que la ilusión es siempre propia de cualquier época. Por eso me pregunto qué diablos está ocurriendo con buena parte del cine de ahora, un cine cuya característica más acusada es la de ser absolutamente previsible; lo cual le lleva, en buena lógica, a confundir la ilusión con una descarga de adrenalina.

[3] Y he llegado a la conclusión de que la clave está en los héroes de las películas, que ya no son lo que eran. Los héroes de hoy han cambiado de manera radical; los héroes de hoy, admitámoslo, son unos inventos que se llaman en el argot cinematográfico *efectos especiales*.

[4] Para los héroes se inventaban los argumentos, unas máquinas de peripecia llenas de situaciones en las que ellos se internaban hasta dar orden y sentido a la historia correspondiente, que cerraban siempre con un final adecuado. No se ahorraban emociones, pero tampoco se ahorraba coherencia. Un buen argumento tenía que responder a probados criterios de verosimilitud y credibilidad, tanto en el realismo más estricto como en la fantasía más exacerbada. Es una convención, un pacto que se cierra entre el cineasta y el espectador y cuyo resultado es el éxito. En cambio, ahora tengo a menudo la sensación de que el argumento es simplemente el tiempo que debe transcurrir entre dos deflagraciones espectaculares: eso que hay que meter entre ellas para que el espectador no se intoxique. Uno piensa en los grandes guionistas (en Ben Hecht, en Philip Jordan, en Borden Chase, en A. I. L. Diamond, en fin ...) y se dice: «Menos mal que no tienen que trabajar en esto».

[5] Los nuevos héroes —los *efectos especiales*— son lo que pide el público, dicen los nuevos y avispados ejecutivos de los estudios, pero no es verdad. Hay una verdad anterior a ésa. Una verdad que dice que los grandes directivos de los viejos estudios de Hollywood serían cualquier clase de tiburones o de canallas, buscarían a la desesperada resultados económicos ante todo, no lo niego, pero, además, *les gustaba el cine*. A los de ahora, en cambio, el cine parece traerles sin cuidado. Sus palos de ciego —o producciones cinematográficas, como las llaman ellos— son el resultado de la toma del poder por esta nueva especie de alimañas ignorantes para las que todo producto es, simplemente, un producto, es decir, algo cuyo único principio y fin es generar beneficios, tanto si se trata de películas como de órganos trasplantables. En otras palabras, su trabajo es un trabajo que se caracteriza por la exclusión de una cualidad: el amor al oficio, algo que poseen hasta los buenos delincuentes.

[6] Dicen que el que juega con fuego se acaba quemando. Los buenos argumentos, los que encarrilaban las películas, son los primeros que están ardiendo; confiemos en que también acabe ardiendo un día la paciencia de los espectadores.

[7] Y los nuevos ejecutivos, en el infierno.

José María Guelbenzu: *El País.*

- En este artículo se hace una valoración crítica de un determinado género de cine. Observa la progresión temática para determinar la organización de las ideas:

    - En la presentación (párrafos [1] y [2]) se exponen unos hechos para fijar el tema. Señálalos.

....

....

    - En el párrafo [3] se enuncia la tesis. ¿Qué idea defiende el autor?

....

....

....

    - ¿Con qué argumentos la justifica?

....

....

....

....

....

....

....

    - Enuncia la conclusión de manera sintética.

....

....

....

82 PARA HACER EN TU CUADERNO. Posiblemente te gusten las películas «de acción». Seguramente conoces algunas de gran calidad cinematográfica, como la serie de *El Padrino* o de *La guerra de las galaxias*. Teniendo esto en cuenta, escribe un texto argumentativo, de quince o veinte líneas, valorando los argumentos de José María Guelbenzu y defendiendo una postura positiva sobre el buen cine de acción.

83 Las viñetas humorísticas también pretenden formar la opinión de los lectores y educarlos en determinados valores. Observa con atención la siguiente historieta de Quino, publicada en *El País Semanal.*

- **Narra de manera sintética la historia que relata. Puedes empezar así:** *En una ciudad vivía un matrimonio que tenía una empleada de hogar. Un día la señora sale de paseo y observa...*

....

....

....

....

....

- Esta historia tiene la finalidad de convencer a los lectores de una idea. Elige cuál puede ser la tesis que defiende y razona tu respuesta:
  - El amor es algo maravilloso que le sucede a personas de todas las edades.
  - El amor es maravilloso, pero no debe confundirse con el sexo.
  - La infidelidad en la pareja destruye el amor.
  - En el tema del amor, una cosa es lo que se piensa o dice, y otra, lo que se hace.

84 PARA HACER EN TU CUADERNO. Ahora vas a escribir un sencillo texto argumentativo sobre la visión que tienes tú del amor. Para ello, sigue este guión:

- Formula una tesis.
- Emplea argumentos basados en tu experiencia personal.
- Para los argumentos de autoridad elige refranes de la actividad 69 y alguna frase célebre que conozcas.
- Enuncia una conclusión que corrobore la tesis.

9 El ensayo

85

El ensayo emplea la exposición y la argumentación y goza en la actualidad de gran difusión, pues es apto tanto para el periodismo de opinión como para estudios de temática muy variada. Demetrio Estébanez Calderón, en su *Diccionario de términos literarios* (Alianza Editorial), define el ensayo como: *Un escrito en prosa, generalmente breve, de carácter didáctico e interpretativo, en el que el ensayista aborda, desde un punto de vista personal y subjetivo, temas diversos, con gran flexibilidad de métodos y clara voluntad de estilo.*

El autor utiliza el ensayo no sólo como vehículo de ideas, sino también como fruto de una preocupación estética. De ahí que tradicionalmente se incluya dentro de los llamados géneros literarios de carácter didáctico.

Veamos los principales rasgos que caracterizan el ensayo.

- **Variedad temática**. Aunque el ensayo tiene preferencia por los temas relacionados con las disciplinas humanísticas —historia, filosofía, literatura—, también puede tratar de temas científicos y, sobre todo, de la vida cotidiana o de noticias de prensa.
- **Estructura libre**. El hecho de ser una reflexión libre sobre cualquier tipo de temática tiene como consecuencia que no se sujete a ningún esquema rígido de organización. No obstante, la estructura deductiva es predominante, puesto que la evolución del pensamiento de lo general a lo particular es más apropiada para la reflexión breve y facilita la comprensión por parte del receptor.
- **Brevedad**. Aunque el texto que vas a leer a continuación forma parte de un libro sobre ética, los distintos temas que trata están expuestos con brevedad. Ello es debido a que el ensayo no debe ser nunca un tratado de investigación, sino simplemente una reflexión sintética y amena sobre un tema.
- **Carácter subjetivo**. El enfoque personal para interpretar el mundo, la naturaleza o los seres humanos se manifiesta en la exposición de los propios sentimientos, pues en muchos casos el ensayo es una conversación en «voz alta» del autor con su interlocutor, el lector.

● Lee con atención:

QUERIDA MATHILDA:

[1] Hace unos días tuve una prolongada conversación telefónica con mi hermano. Hasta el día de hoy jamás ha poseído un aparato de televisión y, tanto él como su mujer, sobre todo ahora que tienen la niña, están muy en contra de la idea de adquirirlo. Pero alrededor de ellos se eleva un coro de protestas; amigos y parientes dicen: «No podéis criar a la niña como si viviese en el siglo pasado. El mundo va hacia adelante y ella debe seguir el paso de los tiempos.» Naturalmente, quería saber mi opinión. Antes de contestarle he reflexionado largamente.

[2] Pensando en los hijos de mis amigos, casi todos criados sin televisor o con una utilización drásticamente limitada de éste, pensando en su curiosidad, en su vivacidad y en su apertura hacia el mundo, al fin aconsejé a mi hermano que postergase tal adquisición o que, a lo sumo, comprase algún visor de casetes para dibujos animados.

[3] Este rechazo, por otra parte compartido por muchas personas, puede ser considerado como una especie de oscurantismo medieval. Efectivamente, la modernidad y todo aquello que ésta implica es uno de los tabúes de nuestro tiempo, y ponerse en su contra siempre provoca críticas escasamente benévolas. Sin embargo, ante el escándalo de las críticas, yo percibo un escándalo mucho más grande, que es el escándalo de la infancia.

[4] ¿Y qué es el escándalo de la infancia? Siempre he estado convencida de que la infancia encierra en sí una gran fragilidad y una gran fuerza, y que dicha fragilidad ha de ser tutelada. Pero este sentido de tutela se ha perdido: ya nadie tutela a nadie. Y los niños, abandonados sin control a lo peor que la cultura humana ha sabido expresar, se han convertido en míseras parodias de unos adultos míseros de por sí. Verlo todo, saberlo todo cuando este todo corresponde en gran medida a violencia, vulgaridad, abuso de poder, no hace bien al niño, no lo vuelve más fuerte, ni más preparado para la vida.

[5] Escandalizar a los niños quiere decir presentarles un mundo sin luz alguna, ni alegría, ni poesía. Quiere decir apagar en ellos la esperanza, la capacidad de imaginar un sentir distinto del que se les impone. Quiere decir entregarlos a un mundo que ya ha decidido qué hacer con ellos: unos compradores-imitadores y sumergidos en un universo gris y desprovisto de cualquier horizonte en el que la única ley que tiene valor es la del placer y del derecho personal.

[6] La televisión es la reina indiscutida de nuestro país. Desde la mañana hasta la noche se desencadena en nuestras casas con programas que son, en la mayor parte de los casos, cada vez más feos y cada vez más estúpidos; también se desata en las primeras páginas de los periódicos, a menudo pasando por encima de noticias mucho más importantes.

[7] Pese a que en la actualidad haya autorizados estudios sobre el hecho de que una televisión hace daño —y, sobre todo, hace daño a los niños—, sigue siendo arriesgado sostener que uno está contra la televisión.

[8] La televisión, según se afirma, es neutra: es un instrumento y ha de ser considerada un instrumento; no es verdad, se subraya, que la televisión aplaste o inquiete a los niños: todo lo contrario, los estimula, los enriquece, los vuelve más conscientes y más dueños del tiempo en que viven. «Mi hijo», proclama con orgullo el periodista de turno entrevistado, «adora la televisión. Pasa de la televisión al ordenador tal como yo pasaba del balón a la bicicleta».

[9] De tal suerte, una verdad parcial —la experiencia del hijo de un periodista— se convierte en una verdad universal: a todos los niños la televisión les hace bien. Así se olvida que la mayor parte de los niños viven ante la pantalla en un estado de total abandono y sin ninguna clase de explicación, sin tipo alguno de alternativa.

[10] Si queda como única maestra, la televisión educa para la pasividad, apagando el deseo de explorar, de saber: la curiosidad. Cuando ya no hay curiosidad, inevitablemente la sustituye el tedio. ¿Qué clase de vida es una vida atenazada por este sentimiento? ¿A quién se la podríamos desear? ¿A las nuevas generaciones?

SUSANNA TAMARO: *Querida Mathilda*. Ed. Seix-Barral.

● Para comprender y valorar críticamente un texto, debes seguir unos pasos.

● Explica la situación comunicativa.

....

....

....

● Señala la organización temática. Para ello observa lo que se dice en cada párrafo:

- En el párrafo [1] se enuncia el objeto de la argumentación y se expone la opinión generalizada sobre el mismo. ¿Cuál es esta opinión?

....

- En el [2] se adopta una postura personal ante el tema, que constituye la tesis. Enúnciala.

....

- El cuerpo argumentativo se desarrolla en los párrafos [3] al [9]. Sintetiza los argumentos y distingue los relativos a la experiencia personal, los argumentos de autoridad y la refutación que hace de falacias.

....
....
....
....
....
....
....
....
....
....
....
....

- En el párrafo [10] se expone la conclusión. Sintetízala.

....
....
....

86 PARA HACER EN TU CUADERNO. Seguramente tendrás formada una opinión personal sobre la bondad o «maldad» de la televisión. Escribe un texto argumentativo valorando los argumentos de Susanna Tamaro y manifestando tu punto de vista.

10 El diálogo argumentativo: dialéctica y debate

87 **La dialéctica**. En la filosofía griega los argumentos aparecen vinculados a la **dialéctica**, es decir, al arte del diálogo y la discusión. La dialéctica constituye una forma de razonamiento que, al igual que el diálogo, contiene juicios y criterios contrarios y diversidad de pensamientos que se orientan hacia una síntesis o conclusión, para persuadir al lector u oyente y mover su voluntad hacia la opinión o idea defendida. Esta forma de argumentación mediante el diálogo ha gozado de gran éxito desde los *Diálogos* de Platón, las *disputatio* (discusiones) medievales y el diálogo humanista del Renacimiento hasta llegar, en la actualidad, a la forma del debate, asamblea o mesa redonda, que podemos observar en muchas actividades de la vida ordinaria o en programas de radio y televisión.

Hoy el término dialéctica tiene un sentido más amplio: conjunto de procedimientos que se ponen en juego para probar algo, para refutar o persuadir de algo, tratando de conseguir la adhesión del lector u oyente.

- Lee con atención:

Calias, o la cobardía

(A la manera de Platón)

—Pues dime, amigo mío, cuál es el propósito que te ha traído hoy hasta aquí. Por Zeus, que ya me muero de curiosidad: tan alejado de mí has estado en los últimos tiempos.

—Sucede, Sócrates, que mi hijo Hipólito me ha dicho que tú lo alientas en sus inclinaciones y lejos de recriminarle su cobardía, parece como si lo elogiaras. Y yo quiero saber si de verdad tú crees que la cobardía sea una gran virtud o si quizá te propones con él algún fin que no se me alcanza, que, sin embargo, pudiera ser de consecuencias oprobiosas para su vida.

—Los dioses no lo permitan, querido Calias.

—Pero defiendes la cobardía.

—Por cierto, Calias.

—Me asombras, Sócrates. Siempre creí que alababas la valentía.

—Así es, Calias.

—Pues entonces no puedo comprender cómo al mismo tiempo alabas la cobardía.

—No la alabo al mismo tiempo, Calias. ¿Has oído decir a tu hijo que le haya ensalzado la cobardía y la valentía al mismo tiempo?

—No, eso no.

—¿Me has oído alguna vez, aquí o en mi viaje a Lacedemonia, alabar simultáneamente la cobardía y la valentía?

—No, no te lo he oído, Sócrates.

—De manera que mal haces en acusarme de contradicción o doblez, como con justicia podrías hacer si me hubieses oído alabar a la vez la cobardía y la valentía.[...]

—Si tú lo dices, Sócrates, supongo que has de tener tus buenas razones para sostenerlo.

—Por los dioses que las tengo, Calias. Pero veamos: si un hombre se encuentra con un perro rabioso, ¿no dirías que es valiente si, armado de un palo, lo enfrenta y trata de matarlo para evitar que pueda morder a la gente y así traer un daño incalculable?

—Por supuesto, Sócrates. Diría que es una persona valiente.

—¿Y no te parece que al enfrentar al perro rabioso, aunque sea armado con un palo, se expone a ser mordido por la bestia y a morir luego en medio de los horribles dolores que son propios de la rabia?

—Sin duda que se expone a tan horrible percance.

—Ahora bien: tú no quieres que un hijo tuyo pueda morir de rabia, ¿no, Calias?
—¡Ciertamente que no, Sócrates!
—De modo que, a un hijo tuyo, ¿qué le recomendarías, en el supuesto caso de encontrarse con un perro rabioso? ¿Qué lo acometiese con un palo o que huyese lo más pronto posible?
—Sócrates, que huyese lo más pronto posible.
—Pero, Calias: habíamos quedado en que la valentía consistía en acometer al perro con el palo, ¿no es así?
—Así es, Sócrates.
—De modo que en un caso tan riesgoso preferirías que tu hijo no fuese valiente, ¿no, Calias?
—Debo reconocer, Sócrates, que dices la verdad: preferiría que en ese caso mi hijo no fuese un valiente.
—¿Así que la valentía no siempre es recomendable?
—No siempre.
—Pero concordarás conmigo, Calias, que un padre siempre recomienda el bien a un hijo.
—Concuerdo contigo.
—Pero hace un momento dijiste que en el caso del perro rabioso le recomendarías huir, ¿no dijiste eso?
—Eso dije.
—De modo que debemos concluir que a veces la valentía no es un bien.
—Creo que es lo correcto.
—Ahora bien, Calias, ¿qué es lo contrario de la valentía? ¿No es, por ventura, la cobardía?
—Sí, Sócrates, la cobardía es lo contrario de la valentía.
—Así que, si la valentía no es un bien, por lo menos en ciertos casos, ha de serlo su contrario, que es la cobardía. ¿Estoy errado, Calias?
—Aciertas, Sócrates.
—Luego concluimos que la cobardía es a veces un bien, hasta el punto que un padre puede recomendarla a un hijo.
—Así lo creo.
—Y si eso crees, y si tú, que eres el padre de Hipólito, puedes recomendarle la cobardía, ¿por qué me recriminas porque yo, que ni siquiera soy su progenitor, lo haga? ¿No te parece que el que incurre en contradicciones eres tú, querido Calias?
—Por Zeus, Sócrates: me avergüenza lo que te dije al comienzo. Soy un asno, y además un malvado, por haber sospechado siquiera un solo momento de tus nobles intenciones.

ERNESTO SÁBATO: *EL PAÍS.*

- En este texto, Ernesto Sábato emplea, a imitación del diálogo platónico, la *mayéutica*, o arte de alumbrar los espíritus y de hacer descubrir al interlocutor la «verdad» que lleva en sí, después de que, por una serie de preguntas, le ha liberado del error. Para ello, estructura su discurso en tres partes bien diferenciadas: introducción o presentación de la tesis, el desarrollo o cuerpo de la argumentación y la conclusión.
  - Señala la tesis de partida: observa el «error» inicial de Calias y la precisión que le hace Sócrates antes de iniciar el proceso argumentativo.

....

  - Señala los argumentos y explica si son tomados de la experiencia de la vida o son argumentos de autoridad.

....
....
....
....

  - Señala cómo, a través del diálogo, Sócrates va mostrando las contradicciones en que incurre Calias.

....
....
....

- ¿En qué principio, aceptado por todos, se apoya Sócrates para su conclusión? Sintetízalo en una frase.

....

88 El texto siguiente es un fragmento de la novela *Lisa,* que escribió su autor con el fin de enseñar a pensar a los niños. Forma parte de un programa de *Filosofía para niños.*
Lee con atención.

Vivir de modo coherente

—¿Quieres un poco de brécol?
—Mamá, sabes que no lo soporto.
—Bien, toma un poco de pollo.
—Hum, ¿hay alguna otra cosa?
—¿Qué pasa? ¿Está malo?
—No, pensándolo bien, probaré un poco de brécol.
—Está bien. Es bueno para la salud. Y ponte un poco de arroz. —La madre de Lisa la observó un momento y luego le preguntó—: ¿no vas a comer pollo?
—No, mamá. He decidido que nunca más. Debería habértelo dicho.
—¿Por qué no?
—Bueno, llegué a la conclusión de que si realmente quería a los animales, no debería comerlos. Pero me los he estado comiendo. Así que...
—Así que no los vas a comer nunca más.
—¿No te parece mal?, quiero decir: ¿no te molesta?
—No, si eso es lo que deseas.
—Puedes hacerme muchas ensaladas. Y me acostumbraré a comer verduras, de verdad que me acostumbraré.
—Es curioso cómo lo que estás diciendo me recuerda algo que pasó hace tanto tiempo.
—¿Qué es?
—Cuando yo tenía tu edad, no, me equivoco, era mucho más pequeña que tú. Bien, en todo caso, mi madre me pegaba con frecuencia. Entonces un día le dije: «si me quisieras, no me pegarías». ¿Y sabes lo que hizo? —La madre de Lisa se echó a reír al recordarlo—. Me volvió a pegar por decirle eso.
Lisa estaba un poco confundida al ver que su madre se divertía al pensar en ello.
—¡Pero tú tenías razón!
—Claro que la tenía. Pero eso a ella no le importaba. Se figuraba que tenía buenas razones para castigarme cuando lo hacía.
—¡Pero no era coherente! ¡Lo que uno hace, debe ser coherente con lo que uno dice!
—Sí, ya lo sé. Pero ella no pensaba así. Me pegaba coherentemente y me quería coherentemente. Pero nunca relacionó ambas cosas. Ella era así.
—No deberíamos herir a los que amamos.
—Por supuesto que no deberíamos. No deberíamos herir a nadie si pudiéramos evitarlo. Lo que trataba de hacerte ver, es que tal vez me equivoqué cuando le dije: «si me quisieras, no me pegarías.» Ella me quería, yo sé que me quería.
—¿Intentas convencerme de que yo puedo querer a los animales y aun así comérmelos?
—Lisa, no intento convencerte de nada. Estoy de acuerdo con lo que dijiste hace un momento, eso de que hay que ser consecuente con lo que se dice. No se debería siquiera pensar en ser coherentes; sencillamente, deberíamos vivir de tal modo que lo fuéramos.

MATTHEW LIPMAN: *Lisa.* **Ediciones de la Torre.**

- El texto emplea también la dialéctica para poner de manifiesto la coherencia en el comportamiento humano, es decir, actuar conforme se piensa o se cree.

  - La progresión temática del texto es la siguiente:

    - Lisa hace una afirmación: *Yo amo a los animales y, por tanto, no volveré a comer carne. De esta manera actúo de manera coherente.*
    - Su madre, mediante el ejemplo de la abuela, refuta a Lisa: *La abuela me quería y me pegaba, y no constituye ninguna incoherencia, porque ella creía que debía actuar de ese modo.*

• Enuncia la conclusión de manera sintética y razónala.

....
....
....
....

89 *Ser y vivir coherentemente* es un principio aceptable, pero, como ya sabes, en la vida todo tiene su «cara» y su «cruz» y de esta antítesis surge la controversia y la argumentación. Lee con atención y manifiesta tu opinión razonada sobre los siguientes argumentos:

- Debería prohibirse sacrificar animales para el consumo humano, ya que también tienen derechos que debemos respetar.

....
....
....

- Nunca debería pegarse a un niño ya que la violencia genera siempre violencia.

....
....
....

- A un niño hay que darle un cachete cuando se pone pesado y mimoso, porque tiene que aprender desde pequeño los límites que la vida impone a todos.

....
....
....
....

- Yo no compro discos; los cojo de las tiendas. Pienso que ya ganan bastante dinero con los precios abusivos que tienen.

....
....
....

- El sacrificio de los toros es necesario, porque si no hubiera fiesta taurina, este animal habría desaparecido.

....
....
....
....

90 **El debate**. Las personas en la vida normal dialogan, conversan o discuten de manera improvisada, sobre temas y asuntos cotidianos. Pero en ocasiones un grupo de personas necesita tratar en profundidad un tema con el fin de llegar a conclusiones comunes. Entonces realizan un diálogo organizado, que adopta diversas formas: asambleas, debates, mesas redondas, etc. Observa cómo se prepara y se realiza esta forma de diálogo, para aprender a participar en ellos.

PREPARACIÓN

ELECCIÓN DEL TEMA

SE BUSCA INFORMACIÓN SOBRE EL TEMA

- El tema tiene que ser interesante y atractivo por su actualidad.
- Para poder hablar sobre un tema hay que estar informados. La información debe localizarse en los medios de comunicación, en monografías, mediante encuestas...

SE NOMBRA AL MODERADOR Y AL SECRETARIO

SE ELIGEN LOS PARTICIPANTES DE UNO U OTRO GRUPO QUE DEFIENDEN POSTURAS DIFERENTES

- El moderador es el director del debate, asamblea, mesa redonda, etc. Debe tener carácter para mantener la autoridad en todo momento.
- El secretario tiene que tomar notas de las intervenciones más importantes, con el fin de realizar la síntesis final.
- Los participantes deben defender posturas diferentes. No pueden ser muchos, para que el diálogo tenga fluidez.

DESARROLLO

- El moderador realiza una breve presentación del tema y marca con nitidez sus límites para no desviarse del mismo.
- Los participantes irán exponiendo sus opiniones de manera alternativa, respetando el turno de palabra que deben solicitar al moderador. Sus intervenciones serán claras y concisas; en otro caso el moderador les llamará la atención. Nunca interrumpirán al que hable.
- En las intervenciones, las opiniones serán debidamente argumentadas, apoyándose en datos objetivos: encuestas, cifras, etc. Y nunca se realizarán descalificaciones personales. Se ajustarán al siguiente esquema:

ARGUMENTACIÓN →	REFUTACIÓN →	RESPUESTA →	CONCLUSIÓN
• Presentación • Exposición • Argumentación • Conclusión	• Objeciones en contra • Descubrir falacias	• Nuevos argumentos • Descubrir falacias	• Puntos de acuerdo

CONCLUSIÓN

- Finalmente, el secretario o el moderador hará un breve resumen de los argumentos o razones más sobresalientes del debate y, si es posible, de la conclusión a que se ha llegado.

● Visiona un debate o mesa redonda de televisión y analiza sus aciertos y errores.

11 Taller: el comentario crítico-ideológico en las pruebas de acceso a la universidad (PAUs)

1. En qué consiste el comentario crítico-ideológico

Al finalizar el bachillerato, los escolares que desean cursar estudios universitarios deben someterse a las llamadas Pruebas de Acceso a la Universidad (PAUs). En el ejercicio de *Lengua Castellana y Literatura*, los distintos distritos universitarios proponen una serie de cuestiones para evaluar la madurez intelectual y humana del escolar. Tales cuestiones no responden a un programa concreto estudiado en una materia específica, como puede ser Filosofía, Matemáticas, Lengua o Literatura, etc., sino que tienen carácter interdisciplinar: enfrentarse a un texto normalmente expositivo-argumentativo, para enjuiciar o valorar su contenido desde una óptica personal.

El planteamiento de estas preguntas no es homogéneo para todo el Estado, si bien los distintos distritos universitarios las agrupan bajo los epígrafes de **Análisis (del contenido) del texto** o **Comentario crítico** y exige responder a algunas de las siguientes cuestiones sobre el texto:

1. Determinar el tema.
2. Poner título.
3. Resumir su contenido.
4. Explicar la organización de las ideas.
5. Hacer un esquema de las ideas del texto.
6. Redactar un comentario crítico sobre su contenido.
7. Elaborar un texto argumentativo sobre alguna de las ideas del propio texto.

Conviene dejar bien claro que, mediante estas cuestiones, se trata de medir la capacidad de síntesis del estudiante y su actitud crítica ante lo que lee. Tales propósitos permiten exponer los siguientes principios y orientaciones:

1. Las cuestiones del **Comentario crítico** son de carácter interdisciplinar. No se trata del comentario de un texto específicamente lingüístico, literario, histórico, filosófico, etc., aun cuando su contenido tenga elementos comunes con alguna de aquellas ramas del saber, sino que es más bien un texto literario, histórico, filosófico, etc., que requiere del estudiante un análisis general en el que se impliquen diversos tipos de conocimientos.
2. Se pretende descubrir la madurez humana e intelectual del examinando, atendiendo a los siguientes aspectos:

a) Su **capacidad de síntesis**, que debe manifestarse en la habilidad para formular:

• el **resumen** del texto	*¿Qué dice el texto?*
• la identificación del **tema**	*¿De qué trata el texto? o ¿Cuál es la idea central de lo que dice el texto?*
• Y en otras ocasiones en la elección del **título**	*Exposición sintética de la idea central del texto.*

b) Su **capacidad crítica** ante el contenido del texto, que se plasma en el descubrimiento y valoración de:

• la vertebración de las ideas	*Cómo se organiza el contenido del texto o jerarquización de las ideas.*
• las ideas expuestas por el autor	*Enfrentamiento personal con las ideas del autor. (Comentario crítico).*
• exponer un punto de vista personal, debidamente razonado, sobre algunas de las ideas expuestas por el autor.	*Redactar un texto argumentativo sobre un tema.*

c) Su dominio de la **expresión lingüística**, que debe ser fluida y correcta, de manera que el alumno se exprese con coherencia y orden en su exposición y argumentación. Ello requiere que la redacción se organice en párrafos, presente un uso adecuado y variado de las estructuras sintácticas de la lengua y el empleo de un léxico culto y específico.

d) Se valorará siempre el cuidado de ciertos **aspectos formales**: ortografía, presentación, letra legible, etcétera.

2. Actividades previas: aplicación de las técnicas de estudio

Para contestar a las cuestiones que proponga el ejercicio, tienes que seguir unas pautas que agruparemos en dos bloques o fases:

- Unas, que llamaremos **actividades previas**, orientadas a la preparación del ejercicio.
- Otras, encaminadas a realizar la redacción definitiva del **comentario**, que será el que deberás entregar en el examen de selectividad.

Las actividades previas o preparadoras del ejercicio deberás plasmarlas en el ejemplar de examen en el que figura el texto propuesto. Allí podrás subrayar, resumir y esbozar el comentario, lo cual te ayudará a entenderlo, a desentrañar sus componentes, a descubrir su vertebración ideológica y a emprender, en definitiva, su comentario crítico.

Entre los pasos que has de seguir en esta etapa, figura en primer lugar la comprensión de la situación comunicativa; y, a continuación, la aplicación de las principales técnicas de estudio: lectura global, lectura crítica, subrayado, esquema, resumen, identificación del tema, etcétera.

Imagínate que el texto propuesto es el siguiente y observa cómo has de proceder.

El adjetivo «mestizo» carga con el inmenso lastre de una inmemorial connotación negativa y hasta infamante. Es muy significativo que el Diccionario de Autoridades lo defina como «adjetivo que se aplica al animal de padre y madre de diferentes castas». En una civilización que, durante siglos, tuvo como gran mito social el de la «pureza de sangre» y el de la legitimidad excelsa de la descendencia, este adjetivo llegó a tener, aplicado a los humanos, un valor de insulto que todavía no ha perdido del todo. Sin embargo, semejante repudio es completamente contrario a la realidad de la historia.

La historia de los pueblos del Mediterráneo, para no referirnos sino a ellos, desde la más remota antigüedad, no es otra cosa que el recuento de guerras, encuentros violentos y mezclas continuas entre las naciones que poblaron sus riberas. La expansión de la cultura griega, que es la que más de cerca nos toca, es una historia continua de invasiones y raptos que provocaron grandes cambios en la concepción del hombre y del mundo.

La expansión del Imperio Romano fue un inmenso proceso de mestizaje entre culturas y lenguas distintas, del que salió la rica y contrastada cultura occidental. La historia de España es un dramático ejemplo de un proceso continuo de invasiones, encuentros y mezclas, del que surgió la España de hoy.

Si algo caracteriza al mundo actual es la dimensión, potenciada al infinito por los modernos medios de comunicación, de un proceso de mestizaje cultural que, por primera vez en la historia, nos acerca a vislumbrar la realidad de una cultura mundial que no va a ser, finalmente, otra cosa que una incorporación de todas las culturas históricas locales a una nueva realidad de alcance global.

ARTURO USLAR PIETRI: *Elogio del mestizaje.* EL PAÍS.

La situación comunicativa

Se trata de un artículo periodístico de opinión, de carácter expositivo-argumentativo, y, por tanto, la intención del autor será la de convencer a los lectores de las ideas que expone.

Te servirá de gran ayuda conocer algunos aspectos del autor: Arturo Uslar Pietri, venezolano (Caracas, 1906), es novelista, historiador de la cultura, ensayista, crítico y diplomático. Esto te será de gran utilidad para comprender el punto de vista que adopta en sus escritos.

Lectura global y lectura crítica

El primer enfrentamiento será una lectura completa del texto para obtener una visión global de su contenido. Deberás comprender *¿de qué trata el texto?* y si no lo consigues a la primera lectura, has de leerlo de nuevo cuantas veces sea necesario.

A continuación, léelo párrafo a párrafo de manera crítica e intenta localizar la idea que desarrolla en cada uno de ellos. Para eso es necesaria la correcta comprensión del léxico y de las expresiones: si desconoces algún significado, has de deducirlo por el contexto. Para facilitarte esta labor, te explicamos algunos de los vocablos que podrías desconocer:

lastre: cosa pesada y molesta de la que uno se puede librar; **inmemorial**: muy antiguo; **connotación**: efecto de connotar, sugerir; **infamante**: ignominioso, afrentoso; **repudio**: fuerte rechazo; **vislumbrar**: conjeturar, suponer.

El subrayado y la detección de ideas

Subraya el texto y redacta de manera sintética la idea que expone en cada uno de los párrafos. Observa:

[1] El adjetivo «mestizo» carga con el inmenso lastre de una inmemorial connotación negativa y hasta infamante. Es muy significativo que el Diccionario de Autoridades lo defina como «adjetivo que se aplica al animal de padre y madre de diferentes castas». En una civilización que, durante siglos, tuvo como gran mito social el de la «pureza de sangre» y el de la legitimidad excelsa de la descendencia, este adjetivo llegó a tener, aplicado a los humanos, un valor de insulto que todavía no ha perdido del todo. Sin embargo, semejante repudio es completamente contrario a la realidad de la historia.

Concepto de «mestizo»: mezcla de razas. Ha tenido sentido peyorativo, pero este significado es contrario a la historia.

[2] La historia de los pueblos del Mediterráneo, para no referirnos sino a ellos, desde la más remota antigüedad, no es otra cosa que el recuento de guerras, encuentros violentos y mezclas continuas entre las naciones que poblaron sus riberas. La expansión de la cultura griega, que es la que más de cerca nos toca, es una historia continua de invasiones y raptos que provocaron grandes cambios en la concepción del hombre y del mundo.

Desde la antigüedad, los pueblos del Mediterráneo y en especial los griegos, cuna de la cultura de Occidente, son fruto de continuos mestizajes.

[3] La expansión del Imperio Romano fue un inmenso proceso de mestizaje entre culturas y lenguas distintas, del que salió la rica y contrastada cultura occidental. La historia de España es un dramático ejemplo de un proceso continuo de invasiones, encuentros y mezclas, del que surgió la España de hoy.

La expansión del Imperio Romano fue un proceso de mestizaje, y la España de hoy es ejemplo de un continuo proceso de invasiones y mezclas.

[4] Si algo caracteriza al mundo actual es la dimensión, potenciada al infinito por los modernos medios de comunicación, de un proceso de mestizaje cultural que, por primera vez en la historia, nos acerca a vislumbrar la realidad de una cultura mundial que no va a ser, finalmente, otra cosa que una incorporación de todas las culturas históricas locales a una nueva realidad de alcance global.

Lo que caracteriza al mundo actual es un mestizaje cultural, entendido como una suma de culturas locales, debido a la influencia de los medios de comunicación.

3. Redacción de las cuestiones que plantee el ejercicio

Cuando llegas a este punto, ya puedes responder a las preguntas que formule el ejercicio. Observa en cada uno de los casos el modo de contestar y los errores más frecuentes, que debes evitar.

1. Determinar el tema o poner título al texto

Ambas cuestiones son excluyentes, pues persiguen el mismo objetivo. Por tanto, la pregunta que te formulen será determinar el tema o poner título al texto.

El tema

El **tema** del texto debe ser el **resumen del resumen**, es decir, una frase breve que exprese la idea fundamental del autor y su intención al escribir el texto.

LO QUE DEBES HACER	ERRORES MÁS FRECUENTES
Para identificar el tema, formúlate la pregunta: ¿de qué trata el texto? La respuesta será un sustantivo abstracto, seguido de algún complemento que precise la idea central del texto.	Son dos: • Se expone un breve resumen. • Se identifica el tema con el título.

El tema de este texto es: *El mestizaje cultural en el mundo de hoy.*

Poner título al texto

Un título es una palabra o frase breve con que se da a conocer el asunto o materia de un libro, de un capítulo o de cualquier otro texto.

El autor elige el título por muy diversos motivos: quiere anticipar contenidos, insinuar la idea central, dar relevancia a un personaje o a una situación, intrigar al lector, etc.; sin embargo, en este tipo de ejercicio se trata más bien de una exposición sintética de la idea central, de la tesis del texto.

LO QUE DEBES HACER	ERRORES MÁS FRECUENTES
• Debe sintetizar la idea central, el tema del texto. • Ha de ser breve: no sobrepasará las cinco o seis palabras. • La frase del título evitará en lo posible el empleo de verbos. En su lugar se utilizarán los dos puntos y la frase nominal con el verbo omitido.	• Formular el título del modo que se hace en algunas películas u obras literarias: intrigar al receptor. • Enunciar la tesis como si fuera el título. • Identificarlo con el tema, aunque debe recoger éste.

En este texto el autor ha elegido como título *Elogio del mestizaje*, porque lo que defiende en el artículo es el valor positivo que tiene este término, ya que históricamente la humanidad es un producto de continuos mestizajes de razas y culturas, y hoy, a través de los medios de comunicación, se impone un mestizaje cultural.

2. El resumen

En el resumen has de poner de manifiesto tu capacidad de síntesis. Como ya has localizado, en las actividades previas, las ideas del texto, se trata de que las expongas de manera sintética.

LO QUE DEBES HACER	ERRORES MÁS FRECUENTES
• Redacta las ideas fundamentales, elaboradas con tus propias palabras y bien ligadas entre sí en un único párrafo. Debes respetar la organización del texto original. • Ha de ser breve, por lo que no debes descender a detalles. Procura que no ocupe más de seis u ocho líneas. • No emplees un lenguaje telegráfico, propio del esquema.	• Se exponen las ideas en forma esquemática en vez de redactarlas fluidamente de manera que el escrito tenga un sentido global y unitario. • Se toman palabras y expresiones del texto, picoteando de aquí y de allá, en lugar de emplear tus propias palabras para exponer brevemente el sentido fundamental del texto.

Lee con atención el siguiente modelo de esquema:

La palabra«mestizo» ha tenido sentido peyorativo, pero este significado es contrario a la historia. Desde la antigüedad, los pueblos del Mediterráneo y en especial los griegos, cuna de la cultura de Occidente, son fruto de mezclas de razas y lenguas. Igualmente la expansión del Imperio Romano fue un proceso de mestizaje, y la España de hoy es ejemplo de un continuo proceso de invasiones y mezclas. Lo que caracteriza al mundo actual es un mestizaje cultural, entendido como una suma de culturas locales, debido a la influencia de los medios de comunicación.

3. Explicar la organización de las ideas o exponerlas en forma de esquema

No pierdas de vista que el objetivo de este apartado es descubrir la vertebración de las ideas del texto. A veces se pide que se exponga esta vertebración de manera gráfica, es decir, en forma de esquema. Por lo tanto, estas cuestiones son excluyentes: o se pide explicar la organización de ideas, o se exige su exposición en forma de esquema.

Explicar la organización de ideas

LO QUE DEBES HACER	ERRORES MÁS FRECUENTES
• Observa la síntesis que has realizado de cada uno de los párrafos: ésas son las ideas del texto. • Jerarquízalas y explica la organización. • Señala el tipo de estructura empleada (inductiva, deductiva, encuadre, etc.).	• Seleccionar lo anecdótico y superfluo junto a lo principal, cuando se deben reflejar únicamente las ideas principales y secundarias. • Exponer las ideas sin distinguir entre principales y secundarias o sin concretar su relación; por tanto, no queda plasmada la jerarquización e interdependencia que existen entre ellas.

Observa el siguiente modelo:

En primer lugar presenta la tesis: el sentido peyorativo que ha tenido la palabra mestizo es contrario a la realidad histórica. A continuación expone tres argumentos de ejemplificación, basados en el conocimiento de la realidad: la historia de los pueblos del Mediterráneo, la expansión del Imperio Romano y el caso concreto de España. Finalmente, en el último párrafo enuncia la conclusión, que recoge la tesis: la humanidad camina hacia un mestizaje cultural, debido a la influencia de los medios de comunicación.

La estructura, es pues, de encuadre, propia de los textos argumentativos: presentación de la tesis, argumentos y conclusión, que recoge la tesis.

Exposición de las ideas en forma de esquema

El esquema consiste en exponer, de una manera gráfica, la organización del contenido del texto con el fin de visualizar la jerarquización de las ideas (principales y secundarias), y ayudar a percibir plásticamente las relaciones que se establecen entre ellas.

LO QUE DEBES HACER	ERRORES MÁS FRECUENTES
• Distingue las ideas principales de las secundarias y comprende la jerarquización que existe entre ellas: la estructura del texto. • Expón de manera gráfica esas ideas empleando signos que faciliten su comprensión: números, letras, guiones, puntos, distintos tipos de letras, etcétera. • Emplea frases cortas, un lenguaje casi telegráfico.	• Redactar el esquema en forma de resumen sin poner de manifiesto de manera gráfica las relaciones de jerarquía e ilación existentes entre las ideas. • Exponer únicamente las partes del texto, sin tener en cuenta su contenido.

Lee y observa ahora el siguiente modelo:

- Exposición de la tesis (párrafo [1]):
  - *El mestizaje ha sido una constante histórica.*
- Cuerpo argumentativo (párrafos [2] y [3]):
  - *La historia de los pueblos del Mediterráneo: la cultura griega.*
  - *El Imperio Romano y en concreto, España.*
- Conclusión (párrafo [4]):
  - *Hoy, en el mundo, los medios imponen un mestizaje cultural.*

4. El comentario crítico

Tiene como finalidad emitir un juicio crítico sobre lo expresado en el texto. Exponer un juicio crítico consiste en:

- Razonar de manera objetiva (con el apoyo de datos, fechas, opiniones de otros autores de prestigio, etc.) sobre lo que dice el texto, asintiendo (con la aportación de nuevos argumentos), disintiendo (con la refutación de su tesis) o matizando su contenido. Hay, por tanto, que establecer el grado de precisión y exactitud de sus afirmaciones, así como resaltar los aspectos subjetivos y objetivos que presente. Por ello has de establecer una asociación entre las ideas del autor y tu propia cultura y recordar los puntos de vista y las aportaciones de otros autores que coinciden o difieren con las actitudes reveladas en el texto.
- Identificar, si los hay, fallos en su argumentación, contradicciones e incoherencias.
- Resaltar el interés del texto:
  - Por su profunda originalidad de contenidos, enfoque o forma de exposición.
  - Por la relación con su época, corriente o movimiento cultural o ideológico.
  - Por su vigencia o relación con la actualidad, con temas o problemas actuales.

En consecuencia se te pide que redactes un texto expositivo-argumentativo, que requiere la confección previa de un guión. Para ello, es necesario que con antelación hayas observado en cada una de sus afirmaciones o argumentos, aspectos sobre los que puedas opinar. Esto lo consigues formulándote una serie de cuestiones en el propio texto. Lee con atención.

[1] El adjetivo «mestizo» carga con el inmenso lastre de una inmemorial connotación negativa y hasta infamante. Es muy significativo que el Diccionario de Autoridades lo defina como «adjetivo que se aplica al animal de padre y madre de diferentes castas». En una civilización que, durante siglos, tuvo como gran mito social el de la «pureza de sangre» y el de la legitimidad excelsa de la descendencia, este adjetivo llegó a tener, aplicado a los humanos, un valor de insulto que todavía no ha perdido del todo. Sin embargo, semejante repudio es completamente contrario a la realidad de la historia.

- Realmente el concepto de mestizaje tiene un sentido peyorativo, pero en aquellos países donde hay más racismo (países de América) el indio y el negro se encuentran en la parte inferior de la escala social y el mestizo o mulato goza de mayor consideración social.
- Muchas veces el mestizaje va unido a problemas religiosos. Así ocurrió, por ejemplo, en España en los siglos de oro, con los llamados cristianos viejos y así ocurre hoy en países donde existe integrismo religioso como en Israel con los sionistas o en los países árabes.

[2] La historia de los pueblos del Mediterráneo, para no referirnos sino a ellos, desde la más remota antigüedad, no es otra cosa que el recuento de guerras, encuentros violentos y mezclas continuas entre las naciones que poblaron sus riberas. La expansión de la cultura griega, que es la que más de cerca nos toca, es una historia continua de invasiones y raptos que provocaron grandes cambios en la concepción del hombre y del mundo.

- Convendría hacer notar que el racismo va unido al poder económico: no es lo mismo un negro o mulato pobre, que un negro o mulato rico.

[3] La expansión del Imperio Romano fue un inmenso proceso de mestizaje entre culturas y lenguas distintas, del que salió la rica y contrastada cultura occidental. La historia de España es un dramático ejemplo de un proceso continuo de invasiones, encuentros y mezclas, del que surgió la España de hoy.

- Los argumentos son irrebatibles, pues realmente en Europa el proceso histórico es un proceso de mestizaje. Por eso, el problema de mezclas de razas aparece con más virulencia en países de América, que no poseen una larga tradición histórica.

  Pero el problema no está resuelto tampoco en Europa, y prueba de ello son los grupos neonazis que con frecuencia protagonizan actos violentos contra emigrantes de otras razas.

[4] Si algo caracteriza al mundo actual es la dimensión, potenciada al infinito por los modernos medios de comunicación, de un proceso de mestizaje cultural que, por primera vez en la historia, nos acerca a vislumbrar la realidad de una cultura mundial que no va a ser, finalmente, otra cosa que una incorporación de todas las culturas históricas locales a una nueva realidad de alcance global.

- La afirmación del autor de que la cultura de la «aldea global» sea una suma de culturas locales es muy plausible y merece todo nuestro apoyo; pero convendría poner de manifiesto algunos peligros que acechan en la actualidad:
  - La cultura imperante en los medios de comunicación es una cultura burguesa y capitalista que irradia de los Estados Unidos de América.
  - Los organismos internacionales han tenido que dar la voz de alarma ante la destrucción de las culturas autóctonas de los pocos pueblos indígenas que aún conservan intactas sus tradiciones y modo de vivir.
  - El peligro de los nacionalismos que, por motivos estrictamente políticos o económicos, crean una cultura diferenciadora para marginar a una parte de la población.

LO QUE DEBES HACER	ERRORES MÁS FRECUENTES
• Razonar de manera objetiva sobre lo que dice el texto. • Identificar, si los hay, fallos en su argumentación, contradicciones e incoherencias. • Resaltar el interés del texto: — Por su profunda originalidad de contenidos, enfoque o forma de exposición. — Por la relación con su época, corriente o movimiento cultural o ideológico. — Por su vigencia o relación con la actualidad, con temas o problemas actuales.	• Parafrasear el texto, repitiendo lo que dice el autor. • No aportar ideas propias en el proceso de argumentación. • Olvidarse de manifestar una opinión razonada sobre el interés del texto: originalidad en el planteamiento, actualidad de las ideas, etcétera.

Teniendo en cuenta las observaciones que se han realizado, el posible guión para el comentario crítico podría ser el siguiente:

- *Explicar la situación comunicativa del texto, como introducción al comentario personal.*
- *Matizar, de manera razonada, hasta qué punto el concepto de mestizaje es peyorativo frente al concepto de racismo.*
- *Aceptar justificadamente los argumentos del autor.*
- *Exponer un punto de vista personal y positivo sobre la conveniencia de una cultura global entendida como suma de culturas locales. Ello implicaría el respeto a todas las manifestaciones culturales autóctonas. Señalar, al mismo tiempo, los peligros que ofrece la cultura que presentan los medios de comunicación: imposición de la «cultura» de los Estados Unidos, desaparición de culturas indígenas, creación de culturas locales diferenciadoras y excluyentes.*
- *Resaltar, en consecuencia, la vigencia del tema elegido, ya que el racismo, en el doble sentido de razas y culturas diferentes, es un fenómeno social que está muy lejos de haber desaparecido en el mundo actual, sobre todo en Occidente.*

5. Redacción de un texto expositivo-argumentativo

A veces, se puede pedir que expongas una opinión personal sobre un tema, relacionado con alguna de las ideas expuestas en el texto. Imagínate que te formulan la siguiente cuestión:

Exponga su opinión de manera argumentada sobre el mestizaje cultural.

Las reflexiones que has anotado al analizar el texto te ayudarán a confeccionar el guión de tu redacción. En este guión deben aparecer los tres puntos de este tipo de textos y, en consecuencia, debes redactar, al menos, tres párrafos:

Presentación: *Presenta un hecho de actualidad, alguna resolución de organismos internacionales, o una afirmación de persona de reconocido prestigio que dé pie a tu argumentación y a la formulación de la tesis que vas a defender.*

En este caso puedes optar por asumir la afirmación de Arturo Uslar Pietri de promover una cultura mundial, entendida como suma de culturas locales, o por defender la propuesta de las Naciones Unidas de salvaguardar las culturas indígenas.

Argumentación: *Expón los argumentos para apoyar la tesis. Señala los peligros que has observado y explica el modo de resolverlos.*

Conclusión: *Recoge los principales argumentos y la afirmación inicial. Adopta una posición personal positiva a una suma de culturas locales, que permita el respeto de las particularidades locales y ayude a asumir las diferencias, en aras de una sociedad global plural que tenga como objetivo primordial promover la paz y la igualdad entre las personas.*

Solucionario

Las respuestas que te ofrecemos en este solucionario son orientativas, y te ayudarán, sin duda, a conseguir el objetivo que nos proponemos en este cuaderno: dominar las técnicas de trabajo intelectual y aprender a realizar una valoración personal y crítica de un texto.

LA CALIDAD DEL TEXTO ESCRITO

1. RASGOS DE CALIDAD DEL TEXTO ESCRITO

1 y **2**

La reflexión

Cuando un rayo de luz cae sobre un espejo, no lo atraviesa sino que rebota. Éste es el fenómeno conocido como reflexión. La mejor forma de representar este fenómeno es por medio de líneas rectas, llamadas rayos. El rayo incidente y el rayo reflejado forman el mismo ángulo con una línea perpendicular a la superficie, llamada normal (véase la figura). El ángulo que forma el rayo incidente con la normal, llamado ángulo de incidencia, es igual al ángulo que forma el rayo reflejado con la normal, llamado ángulo de reflexión. Es decir:

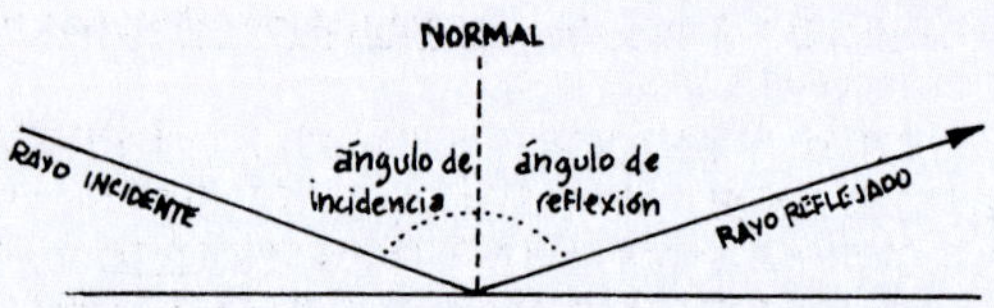

ángulo de incidencia = ángulo de reflexión

2. ORGANIZACIÓN DEL TEXTO: EL GUIÓN Y EL PÁRRAFO

3
- **Introducción:** *En la sociedad actual, se entiende «estar bien» como el hecho de disponer de dinero para comprar cosas.*
- **Desarrollo:** *En consecuencia, el dinero se erige en símbolo e ídolo de una civilización. El dinero se antepone a todo, incluso a los valores más elementales de la sociedad: el respeto por el medio ambiente, la honestidad de las personas, etc.*
- **Conclusión:** *El aforismo de que todo hombre tiene un precio, está de plena actualidad.*

4 Los párrafos se corresponden con cada una de las partes del texto y comienzan del modo siguiente: Párrafo [1]: «Lo que no se presta a discusión...»; párrafo [2]: «El dinero se erige...»; párrafo [3]: «Ante la oportunidad...».

5 Las oraciones son breves en aras de la claridad que necesariamente debe tener un texto expositivo-argumentativo para cumplir la finalidad de informar y convencer al lector.

LA EXPOSICIÓN

1. EXPONER Y ARGUMENTAR

10 En este cuaderno se trabajan la comprensión de textos expositivos y la interpretación y valoración crítica de textos argumentativos y expositivo-argumentativos.

1.1. LA SITUACIÓN COMUNICATIVA

11 *B*) Es un reportaje periodístico sobre instrucciones para jugar a los dardos. El emisor es el autor; el destinatario, el lector. Pertenece a los medios de comunicación y la finalidad que persigue es informar.

C) Es una reseña informativa sobre un acontecimiento cultural. El emisor es la institución que organiza la exposición, y el destinatario, el público lector de la revista. Pertenece a los medios de comunicación, y la finalidad que persigue es informar a los lectores para que visiten la exposición.

D) Es una noticia periodística. El emisor es colectivo, pues no está firmada, lo cual indica que su autor es el equipo de redactores. Pertenece a los medios de comunicación, y la finalidad que persigue es informar sobre hechos sociales de interés para los lectores.

1.2. EXPOSICIÓN DIVULGATIVA Y ESPECIALIZADA

12 El **texto A** es una exposición científica dirigida a expertos; de ahí el empleo de tecnicismos, sólo conocidos por especialistas en medicina.

El **texto B** es un prospecto de una medicina y contiene información especializada, dirigida a médicos y farmacéuticos e información divulgativa para orientar al consumidor sobre el producto.

El **texto C** es un informe periodístico y va dirigido al público en general; de ahí el carácter divulgativo que se manifiesta en el empleo de un lenguaje comprensible para el público lector.

2. LA EXPOSICIÓN Y LAS TÉCNICAS DE ESTUDIO

17 El método que propone el autor para trabajar los textos expositivos y argumentativos es de autoaprendizaje: se presentan al análisis e interpretación modelos de textos, y posteriormente se dan pautas para la redacción de textos similares. Las respuestas que se incluyen en este **Solucionario** sirven para orientar en la realización de las actividades.

18 La idea global del texto es la exposición, de manera amena, del problema del tablero de ajedrez para dar una lección de humildad a un rey soberbio.

19 Significado de las palabras en el texto:
magnanimidad: grandeza y elevación de ánimo.
irreverente: contrario a la reverencia, es decir, al respeto que tiene una persona a otra.
altivez: orgullo, soberbia.
benevolencia: simpatía y buena voluntad hacia las personas.
labrantíos: campos de labor.
desecar: quitar el agua que cubre el terreno.

20 • **Presentación:** *El invento del juego del ajedrez se atribuye al hindú Seta. Al conocerlo el rey, quiso premiarlo y le dijo que pidiera lo que deseara, pues, como era muy rico y poderoso, se lo concedería. Entonces Seta, para dar una lección de humildad a su rey, le pidió que le entregara una cantidad de trigo equivalente a la suma de las 64 casilla del tablero del ajedrez, de manera que en cada casilla se pusiera una cantidad igual al doble que en la casilla anterior.*

• **Desarrollo:** *El rey encargó a sus servidores que cumplieran la voluntad del inventor. Tras la realización de las operaciones oportunas, llegan a la conclusión de que su rey no tiene esa cantidad de trigo, y que sería necesario sembrar toda la superficie de la Tierra para conseguirlo.*

• **Desenlace:** *El final o desenlace es la exposición de tan magna cantidad, que su «soberbio» y «poderoso» rey no puede conseguir.*

21 El modo de resolverlo es como se indica en el propio texto, o bien aplicando la siguiente fórmula matemática de las permutaciones: $Pn = n! = n \cdot (n-1) \cdot (n-2) \cdot (n-3) \ldots 1$.

3. LA ORGANIZACIÓN DEL DISCURSO EXPOSITIVO

23 Al explicar la organización, a tu manera, debes tener en cuenta únicamente la Información que aparece en la columna de la izquierda (título, introducción, desarrollo, conclusión).

24 Organización y partes del texto: título, introducción, desarrollo, conclusión.

• **Introducción**: El organismo humano puede resistir contra los virus, aunque éstos se muestren invulnerables a los medicamentos.

• **Desarrollo**: Un ejemplo que confirma lo anterior es la peste negra del siglo XIV.

• **Conclusión**: Existe, pues, la inmunidad, es decir, la resistencia natural del organismo a la enfermedad.

3.1. EL SUBRAYADO

25 En los párrafos [1], [2], [4] y [6] se omite información relevante y lo subrayado no tiene sentido por sí mismo. Así, por ejemplo, en el párrafo [1] no se recoge el concepto de paleoclimatología y, además, lo subrayado no tiene sentido por sí mismo.

En los párrafos [2] y [5] se ha subrayado demasiado, lo cual pone de manifiesto que no se ha seleccionado la información relevante e inutiliza la finalidad de esta técnica de estudio.

26 Modelo de subrayado:

¿Existe la inmunidad?

Los virus constituyen los enemigos más formidables del hombre y se han mostrado absolutamente invulnerables al ataque de los medicamentos o a cualquier otra arma artificial. Y aun así, el hombre ha sido capaz de resistir contra ellos, incluso en las condiciones más desfavorables. El organismo humano está dotado de impresionantes defensas contra la enfermedad.

Analicemos la peste negra, la gran plaga del siglo XIV. Atacó a una Europa que vivía en una aterradora suciedad carente de cualquier concepto moderno de higiene, sin instalaciones de cañerías de desagüe, sin forma alguna de tratamiento médico razonable, una población aglutinada e indefensa. Claro que la gente podía huir de las aldeas infestadas, pero el enfermo fugitivo tan sólo servía para propagar las epidemias más lejos y con mayor rapidez. Pese a ello, tres cuartas partes de la población resistieron con éxito los ataques de la infección. En tales circunstancias, lo realmente asombroso no fue que muriera uno de cada cuatro, sino que sobrevivieran tres de cada cuatro.

Es evidente que existe eso que se llama resistencia natural a cualquier enfermedad, la inmunidad.

3.2. LA EXPOSICIÓN EN FORMA DEDUCTIVA

27 En este texto no hay título. El desarrollo deductivo se observa en la siguiente exposición de ideas:

- La **introducción** es la entradilla del texto periodístico —el primer párrafo escrito en letra de mayor tamaño—, donde se presenta el tema y la idea principal.
- A continuación, viene el **desarrollo**, donde se ejemplifica, mediante las plantas del tabaco, del té, del café y del chocolate, para justificar la idea general. En el desarrollo se presentan tres momentos: cuando se trajeron a Europa en el siglo XVII, se consideraron beneficiosas; después, fueron repudiadas como drogas; hoy son de consumo habitual, aunque el tabaco empieza a ser perseguido por ser nocivo para la salud.

3.3. EL RESUMEN

28 *a*) Es un resumen insuficiente, porque no recoge toda la información relevante.
b) Es un resumen demasiado amplio, por lo que no sería útil.
c) Tampoco recoge toda la información relevante.

Además, en estos tres resúmenes no hay elaboración personal, sino que se copia directamente el texto; incluso en el *b*) y el *c*) se intenta reproducir los párrafos.

El resumen de mayor calidad es el *d*), pues recoge la información relevante y la redacción muestra una elaboración personal.

29 Observa las palabras y expresiones que podrías subrayar:

> **[1]** Hay asociaciones de seres vivos en las que una de las especies asociadas obtiene de la otra las substancias nutritivas que necesita, bien tomando alimentos que ésta tenía para sí, bien nutriéndose de partes integrantes de su cuerpo, como tejidos, sangre, etc. Este tipo de asociación, en que una parte es beneficiada, mientras que la otra queda perjudicada, caracteriza el parasitismo, constituido por la unión de un parásito con su huésped.
> **[2]** La vida parásita es, en realidad, una especialización de la vida cazadora, depredadora, como lo demuestran ciertas sanguijuelas que pueden alimentarse de renacuajos que capturan en el agua, fenómeno llamado predatorismo, y también chupando sangre de caballos y ranas (parasitismo). La vida parásita tiene gran influencia sobre la organización de los seres que la practican. La abundancia de alimento hace que muchas veces se atrofien o lleguen a desaparecer los órganos locomotores, necesarios para ir en su busca. Consecuencia entonces de la falta de movimiento, el parásito sufre la atrofia de los órganos de los sentidos: la mayor parte de los parásitos internos, como las tenias, son ciegos. Muchos que viven en líquidos nutritivos, como las mismas tenias, pierden el tubo digestivo; en cambio, frente a esta pérdida general de órganos locomotores y de los sentidos, aparecen en casi todos los parásitos órganos fijadores para adherirse al huésped.
> **[3]** Dadas las dificultades con que ha de tropezar para encontrar el huésped adecuado, el parásito aumenta extraordinariamente sus facultades reproductoras, produciendo gran cantidad de gérmenes con la finalidad de que alguno encuentre al huésped y se desarrolle. Por otra parte, dada la dificultad del encuentro entre los dos sexos, por la pérdida de movilidad y las condiciones especiales en que se desarrolla la vida de los parásitos, éstos son frecuentemente hermafroditas, estando los dos sexos reunidos en un mismo individuo, con lo que la reproducción queda enormemente asegurada.

• **Organización** En este texto vemos en primer lugar el título, que anuncia de manera sintética el tema y una exposición en forma deductiva: en el párrafo [1] se presenta el tema y se define el parasitismo; en los párrafos [2] y [3] se desarrollan la evolución biológica y los comportamientos de los seres parásitos.

• **Resumen** El parasitismo consiste en la asociación entre un animal de una especie —el parásito— que toma el alimento del animal de otra especie —el huésped—. La vida parasitaria es una forma de la vida cazadora y, así, algunos seres, como las sanguijuelas, se alimentan con la caza de renacuajos y chupando la sangre a otros animales. Por otro lado, la vida parasitaria es consecuencia de cierta evolución y comportamiento de los seres que la practican: si viven adheridos al huésped, pueden perder total o parcialmente los órganos locomotores; los parásitos internos son ciegos; cuando viven en medio líquido, pierden el tubo digestivo; y la pérdida de órganos locomotores hace que en casi todos aparezcan órganos fijadores para adherirse al huésped. Al mismo tiempo, la dificultad de encontrar el huésped adecuado hace que desarrollen las facultades reproductoras e incluso que sean hermafroditas para asegurar la reproducción.

3.4. EXPOSICIÓN EN FORMA INDUCTIVA

30 • **Desarrollo** de las ideas:

El título anuncia el problema que debes resolver. El párrafo [1] expone, mediante un ejemplo, cómo se produce la electricidad que da lugar a una emisión luminosa para explicar cómo se originan los relámpagos en la atmósfera. A continuación, párrafos [2], [3] y comienzo del [4], explica científicamente por qué se producen los fenómenos del relámpago y del trueno; finalmente —párrafos [4] y [5]— expone la conclusión: la resolución del problema.

• **Resumen** del texto:

El relámpago se origina por el encuentro de nubes cargadas de electricidad, bien entre ellas o con el suelo. El trueno es la explosión que se produce al dilatar el calor de la chispa el aire que la rodea. Como la velocidad de la luz es prácticamente instantánea y el sonido recorre en tres segundos un kilómetro, se cuentan los segundos que tarda en oírse el sonido desde que se ve el relámpago y se divide por tres. De esa forma conoceremos la distancia a la que está la tormenta.

31 El **texto B** sigue una estructura deductiva: se define el concepto: «ilusiones ópticas» y, a continuación, se ejemplifica.

El **texto A** es fundamentalmente inductivo: se parte de un ejemplo concreto, párrafo [1], después se explica el fenómeno, párrafo [2] y finalmente se define el concepto, párrafo [3]. Desde el párrafo [4] al final, se refuerza el concepto con otras ejemplificaciones.

En consecuencia, esta estructura pone de manifiesto que no siempre se emplean la organización inductiva o deductiva de manera perfecta o exacta, sino que el autor, para conseguir la eficacia comunicativa —transmitir conocimientos—, puede alternar una y otra forma de exponer la información.

32 El **texto A** tiene una organización deductiva; y el **texto B**, una organización inductiva. Si, por ejemplo, eliges el texto **B** debes comenzar definiendo el concepto y, a continuación, exponer la ejemplificación: *La coherencia es la propiedad del texto que permite afirmar que tiene unidad de significado, es* *decir, que habla de las mismas cosas, o de cosas que se relacionan entre sí.*

3.5. TOMAR APUNTES

33 El texto presenta una estructura inductiva con la siguiente progresión temática:

- **Primera parte** (párrafos [1] a [3]): Cada persona tiene sus *hobbies*, sus entretenimientos, y debemos ser tolerantes con los gustos de cada uno.
- **Segunda parte** (párrafos [4] a [8]): Sin embargo, hay algo que debería preocupar a todo el mundo, cuando las necesidades primarias están cubiertas: interesarse por dar respuesta a quiénes somos y por qué vivimos.
- **Tercera parte** (párrafo [9]): En todas las épocas los hombres se han hecho preguntas para saber quiénes somos los seres humanos, de dónde venimos, a dónde vamos después de la muerte, etc. que constituyen el objeto de estudio de la filosofía.
- **Cuarta parte** (párrafos [10] y [11]): Expone la conclusión: Los hombres han dado diferentes respuestas a estas preguntas filosóficas, por lo que se ha de deducir que es más fácil hacerse preguntas que resolverlas.

3.6. ORGANIZACIÓN DE ENCUADRE

34
- **Introducción**: Hay gran cantidad de problemas, aparentemente sencillos, que, sin embargo, son horriblemente difíciles de resolver. Así ocurre con el problema de una «gira» en la que se desea tomar el camino más corto: es fácil cuando se habla de dos o tres lugares, pero cuando se trata de averiguar un número mayor, por ejemplo 25, se complica muchísimo.

- **Conclusión**: Las combinaciones posibles dan una cifra enormemente grande, y es irrealizable probar todas las rutas posibles.

3.7. EL TEMA Y EL TÍTULO

35 El título más idóneo, porque responde de manera sintética al tema, es la opción *a*): *La dificultad de resolver problemas aparentemente sencillos.*

3.8. ORGANIZACIÓN EN PARALELO

37
- Sintetiza la información utilizando la técnica del resumen. Observa cómo puedes empezar:

Peces herbívoros, como los chano chanos y los mújoles, se crían en los mares de Filipinas y Formosa y los mújoles tambien, en las costas mediterráneas. Se pescan peces jóvenes, alevines, luego se introducen en estanques cercanos al mar para que las aguas se renueven al subir la marea y se alimentan con toda clase de desperdicios. Producción: más de doscientos millones de kilos al año.

La **lubina** se cría en las costas mediterráneas de España, Francia e Italia. Las larvas se alimentan con minúsculas presas vivas; cuando crecen un poco les dan quisquillas; y, posteriormente, se devoran unas a las otras, por lo que hay que tenerlas en cubetas separadas por tamaños y acostumbrarlas a no comer presas vivas, sino a alimentarse con gránulos inmóviles.

Los **salmones** se crían en los países fríos: Estados Unidos, Dinamarca, Noruega, islas francesas de Kerguelen (Antártida) y en Rusia. Se aprovecha su modo natural de vivir para cultivarlos: se siembran los arroyos helados de salmones para que adquieran el olor del lodo y posteriormente se sueltan en el mar, donde engordan gratis. Al cabo del tiempo, siguiendo el radar de su olfato, volverán al mismo arroyo a desovar y allí los pescarán. Con este pastoreo marino se consiguen millones de kilos de salmones al año, y para el 2000 los rusos soltarán anualmente al mar, de esta forma, tres mil millones de salmones al año.

3.9. ESQUEMAS Y DIAGRAMAS

38 **Criaderos de peces**:

1. Herbívoros
   1.1. Se producen: en los mares de Formosa y Filipinas y en las costas mediterráneas.
   1.2. Se crían: en estanques y se alimentan de desperdicios.
   1.3. Producción: más de doscientos millones de kg.

2. La lubina
   2.1. Se produce: en las costas mediterráneas de Francia, España e Italia.
   2.2. Se cría: en cubetas y se alimenta primero con presas vivas, después con gránulos.

3. El salmón
   3.1. Se produce: en las zonas frías de Estados Unidos, Dinamarca, Noruega, Rusia e islas Kerguelen (Antártida).
   3.2. Se cría: se siembran los arroyos de alevines, después se sueltan en el mar para que se alimenten y los pescan cuando regresan al mismo arroyo a desovar.
   3.3. Producción: millones de kg.

39 En este modelo no se emplean tecnicismos, pero tú puedes utilizarlos.

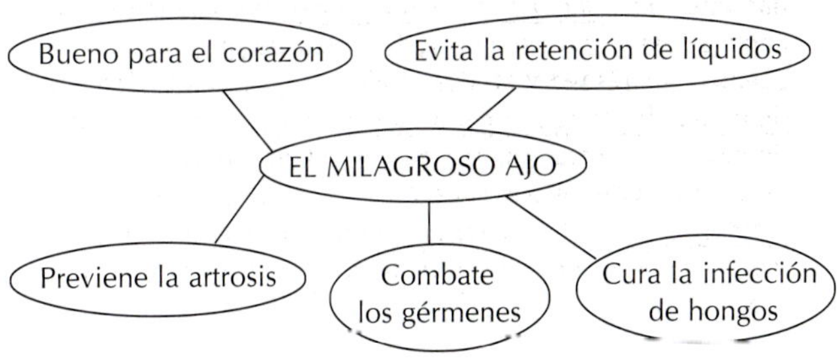

4. EXPOSICIÓN EN FORMA DESCRIPTIVA

4.1. DESCRIPCIÓN DE SERES U OBJETOS

42 La definición ocupa el primer párrafo; el resto del texto es información sobre especies y razas.

43 **A. Características comunes:**

¿Cómo se reproducen? Las hembras en cada parto tienen una sola cría.

¿Para qué los emplea el hombre? Hay dos razas: para el trabajo —carga y laboreo— y para montura.

¿Otras? Su cuerpo tiene un gran parecido: tronco voluminoso, patas largas y delgadas, cabeza pequeña, cuello fuerte y orejas diminutas.

B. Especies: diferencias

Diferencias	Dromedario	Bactriano
• En su cuerpo	• Tiene una giba.	• Tiene dos gibas; es más robusto y con patas más cortas.
• Dónde viven	• En zonas cálidas: Arabia, Norte de África, Canarias, Madagascar y Sur de Europa.	• Asia Central.
• Adaptación al medio	• Soporta muy bien el calor y puede recorrer grandes distancias sin beber.	• Soporta muy bien el frío y el calor, pero no aguanta largas caminatas, ni tanto tiempo sin comer ni beber.
• Carácter	• Es dócil y tiene buena memoria.	• Es más dócil y domable que los dromedarios.

44 En la definición de camello y en la descripción del dromedario aparece la estructura enumerativa. A continuación, cuando se describe al camello común, es una estructura de comparación-contraste.

4.2. DESCRIPCIÓN DE PROCESOS

45
1. **Se anuncia la erupción**: Violentas sacudidas. Surgen fumarolas. Fuertes ruidos al abrirse las bocas.
2. **Empieza la erupción**: Explota el volcán. Lluvia negra: expulsión de cenizas y piedra. Salen las lavas.
3. **Acaba la erupción**: Disminuye la expulsión de lavas. Permanecen algunas fumarolas. Los desechos forman conos y se cierran las bocas.

- En la exposición de este proceso se sigue una estructura **sucesiva** o **secuencial** porque se señala una serie de fases sucesivas y se explica lo que ocurre en cada una de ellas.

46
- **Elaboración del azúcar**: 1.º Se lava la remolacha; 2.º se trocea y se cuece; 3.º se separa la pulpa; 4.º el líquido azucarado se somete a la acción del calor para la evaporación del agua; 5.º el resultado es el azúcar.

- **Metamorfosis de una mariposa**: 1.º la mariposa pone huevos; 2.º nacen las larvas; 3.º las larvas se transforman en capullos; 4.º dentro del capullo se produce la metamorfosis que da lugar a la mariposa.

4.3. EL TEXTO DE INSTRUCCIONES

47 Te proponemos otro ejemplo modelo. Imagina que tu padre nació el 29 de mayo de 1955.

La fecha en número es: 29-05-55 = 290555.
Elegimos otro número cambiando de lugar las cifras: 555092.
Restamos la menor de la mayor: 555092-290555 = 264537
Sumamos: 2 + 6 + 4 + 5 + 3 + 7 = 27; y 2 + 7 = 9

4.4. LA DEFINICIÓN DESCRIPTIVA

49 La primera es la definición que da el Diccionario de la Real Academia Española de la palabra "puente"; la segunda es una descripción literaria de un puente en particular.

50
- **ornitorrinco**: mamífero originario de Australia, del tamaño de un conejo, de cabeza redonda, mandíbulas ensanchadas y cubiertas por una lámina córnea, pies palmeados y cuerpo y cola cubiertos de pelo gris, muy fino.

- **cartabón**: instrumento en forma de triángulo escaleno, usado en dibujo lineal.

- **oligarquía**: de «oligos» (pocos) y «arquía» (poder); forma de gobierno, en que el poder reside en manos de un grupo reducido de personas, normalmente pertenecientes a la misma clase social.

Las definiciones del ornitorrinco y del cartabón son descriptivas; la definición de oligarquía es etimológica.

51 En ambas frases los hiperónimos son *polígono* y *persona*; e hipónimos *cuadrilátero* y *niño*. En consecuencia, la palabra de significado más amplio incluye a la de significado más reducido, pero no al revés.

52 Ninguna de las definiciones está formulada de manera adecuada.

- El metro es una unidad...: No abarca todas las notas de la definición.
- La oración gramatical...: Está sustentada en ejemplos.
- Dormitorio es...: Se define mediante un ejemplo.
- Un perro es...: No abarca todas las notas de la definición.
- El nombre es una palabra...: Se trata de una definición demasiado extensa. Debería decirse: personas, animales, cosas y conceptos.
- Un hombre alto es...: Se formula en términos negativos.

5. EXPOSICIÓN EN FORMA NARRATIVA

53 y **55** En la actividad 55 se da respuesta a la actividad 53. La diferencia entre la cronología y el resumen estriba en que en la cronología sólo interesa señalar el momento temporal y el hecho escueto. El resumen recoge mayor información.

54 **fiebre puerperal**: infección posparto.

escarlatina: enfermedad infecciosa, contagiosa y epidémica, caracterizada por erupciones de color rojo intenso en la piel.

meningitis: inflamación de las meninges, es decir, de las membranas protectoras del sistema nervioso central.

5.1. LAS PREGUNTAS DEL EXAMEN

57 En la primera parte se expone el marco histórico; en la segunda, los rasgos que caracterizan la literatura de esa época.

6. LA EXPOSICIÓN EN FORMA ARGUMENTATIVA

58 • **Introducción**: Ocupa los tres primeros párrafos: se presenta a los personajes y el problema.

• **Desarrollo**: En este apartado se expone todo el proceso que sigue Arquímedes para dar solución al problema.

• **Desenlace**: Aplicación del principio para demostrar que el joyero robaba, y castigo de éste.

Dentro del desarrollo aparece una argumentación demostrativa que contiene las partes siguientes:

- Planteamiento de una hipótesis: Mientras se bañaba, Arquímedes concluyó que el volumen del agua desbordada y el volumen de la parte de su cuerpo que estaba sumergida debían ser iguales.
- Aplicación de este principio al caso concreto de la corona de Hierón II para demostrar que el joyero le engañaba.

59 A partir del **Big Bang** (causa), el universo ha seguido expansionándose y enfriándose, dando lugar a otros modos de organización de la materia (efecto): los quarks habrían evolucionado dando lugar a los protones, neutrones y electrones, y posteriormente a los átomos de hidrógeno y helio. Más tarde, habrían aparecido átomos más pesados (causa) que al unirse habrían dado lugar a las primeras galaxias (efecto).

LA ARGUMENTACIÓN

1. QUÉ ES LA ARGUMENTACIÓN

61 Siempre que en las relaciones interpersonales —familia o amigos— o bien en las relaciones en el mundo del trabajo se intente convencer mediante razones a nuestro interlocutor, se argumenta.

2. ELEMENTOS DE LA ARGUMENTACIÓN

62 • El **tema** viene señalado en el título: «El resurgimiento de grupos violentos neonazis».
- La **tesis**: Abordar el problema de la violencia neonazi es un reto ineludible para nuestra sociedad.
- El **cuerpo argumentativo** ocupa los párrafos [2], [3] y [4].
- La **conclusión**: Para combatir esta violencia son necesarios la educación y el castigo.

3. JUSTIFICAR UNA OPINIÓN PERSONAL

64 Acepté grabar este concierto porque:

- me agrada disfrutar con el público presente cuando canto;
- me gusta oír al público cantar mis canciones;
- al igual que deseo llenarles de felicidad, ustedes me hacen feliz a mí;
- el público es el protagonista de mis canciones.

4. MODO DE FORMULAR UNA TESIS

67 La estructura del **texto A** es de encuadre; la del **texto B** inductiva.

- **Tema:** En el texto **A**: El poder de los libros; en el **B**: La libertad de prensa.
- **Tesis:** En el texto **A**: El libro tiene más vitalidad y trascendencia que las noticias de prensa; en el **B**: Los periodistas dan a conocer las injusticias del mundo; celebrémoslo.
- **Argumentos:** Texto **A**: El libro tiene valor intemporal y universal; el libro está por encima del racismo y de las injusticias sociales.

  Texto **B**: La prensa da a conocer las cosas desagradables del mundo: xenofobias, guerras, injusticias sociales; sólo mediante la libertad de prensa se puede denunciar lo deshonroso de nuestra sociedad y los ataques a la humanidad.
- **Conclusión:** Texto **A**: Los libros contienen la memoria y profecía del hombre y nada podrá atentar contra esto; Texto **B**: la tesis ocupa el lugar de la conclusión.

5. LOS ARGUMENTOS

70 • Si quieres aprobar todo...: Refrán.
- Este año ha llovido mucho...: Conocimiento de la realidad.
- La democracia es el menos malo...: Experiencia personal.
- El dinero lo puede todo: Autoridad.
- Hasta el final nadie es dichoso: Refrán.
- El derecho a la vida es inalienable: Conocimiento de la realidad.

72 • **Tesis**: Ser humano implica el deber moral de comportarse como tal.

• Los **argumentos**.

En el primer párrafo se dice que se es «humano» cuando se es compasivo, solidario y bueno con el prójimo. Y esto es un deber moral, puesto que estamos obligados a esforzarnos para poseer esos atributos. Es cierto que nacemos humanos, pero no es suficiente: hay que llegar a serlo y, como dijo, Píndaro: «Llega a ser lo que eres».

En el segundo párrafo se dice que mientras otros seres —animales y plantas— tienen una determinación genética a ser lo que son, los hombres biológicamente nacen humanos e inclusos los malvados son humanos, pero la humanidad plena no es algo biológico sino que exige la voluntad y esfuerzo para conseguir ser «humanos».

En el párrafo [3] se dice que la humanidad biológica necesita una confirmación posterior que se consigue con esfuerzo y con la convivencia con otros hombres.

- La **conclusión**:

Sólo llegamos a ser plenamente humanos cuando los demás nos contagian con su humanidad y nosotros nos esforzamos por serlo.

73
- El **tema**: El respeto por el medio ambiente en los océanos.
- La **tesis**: Hoy constituye un desafío para la humanidad el salvar el planeta.
- Los **argumentos**: La Expo sirve para evidenciar la distancia entre la realidad de unos océanos en peligro y el deseo de ser un enorme acuario, limpio y cuidado. Por ello, no han podido emplear agua propia del mar, sino agua dulce salinizada. (Arg. basado en la experiencia personal.)

  Ya Greenpeace anunció diez medidas urgentes para salvar los mares (arg. de autoridad).
- La **conclusión**: Los gobiernos conocen ya las medidas, y lo que hace falta es que las pongan en práctica.

6. LAS FALACIAS

74
- Cómo conservar los dientes sanos: ambigüedad.
- Crema para manos de glicerina: ambigüedad.
- Se dan clases de matemáticas...: ambigüedad.
- Es verdad que en Marte no hay vida...: apelación a una falsa autoridad.
- Tú no conoces el problema de los inmigrantes...: apelación al hombre.
- Ese señor no puede ser de izquierdas...: apelación al hombre.
- Los fantasmas deben existir...: apelación a la ignorancia del interlocutor.
- No he aprobado matemáticas...: falsa relación causa-efecto.
- ¿Por qué has molestado a mi hermana?: pregunta compleja.
- El plomo es más pesado...: círculo vicioso.
- No debes comprar una moto...: generalización apresurada.
- Todo se puede conseguir en la vida...: apelación a una falsa autoridad.
- Un chiste: «Mi general...»: equívoco.
- Rebájeme quinientas pesetas...: apelación a los sentimientos del interlocutor.
- Tú no puedes opinar...: apelación al hombre.
- No discutas de política...: apelación a una falsa autoridad.

75
- El **tema** es «Los vicios legales».
- La **tesis** que defiende: Civilización y búsqueda de la felicidad corren parejas; las personas tienen derecho a ser felices, incluso con el riesgo de la propia vida.
- Analiza si son correctos o razonamientos erróneos los siguientes **argumentos**:

  a) Las personas que...: Es un argumento erróneo pues constituye una generalización apresurada.

  b) El Estado permite o prohíbe...: Es un argumento correcto.

  c) Según Oscar Wilde...: Es una falacia porque no se puede apelar a una falsa autoridad. La frase está sacada de contexto.

  d) «De los fumadores...»: Es una falacia porque los no fumadores nunca perjudican a nadie.

  e) Si en la América indígena el tabaco...: Es una falacia porque el hecho de que así fuera en aquella cultura, no quiere decir que algo nocivo se emplee ahora como medio de favorecer la comunicación entre las personas.
- La **conclusión** a que llega la autora es que «el tabaquismo fomenta la comunicación gozosa entre las personas».

76 Otras incoherencias son: el hecho de que hablen todos inglés en Londres porque son ricos y en cambio en los pueblos, como son pobres, no tengan tiempo de aprenderlo; en Inglaterra hay demasiados detectives (referencia a las películas policíacas); en La Habana hay demasiados plátanos; los desiertos están llenos de gentes desilusionadas, y de piscinas.

7. EL TEXTO EXPOSITIVO-ARGUMENTATIVO

77
- Los **argumentos** que expone son:

  — El pesimismo nunca es inmovilista: ejemplo del incendio.

  — El mundo es algo desordenado y el verdadero pesimista sabe que se ordena con nuestro esfuerzo.

  — La pereza y la apatía vital no son señales de pesimismo; el verdadero pesimista nunca deja de luchar en la vida.
- La **conclusión**: El verdadero pesimismo es optimista, en el sentido de luchar activamente para salvar las cosas buenas de la vida, pero nunca inmovilista.
- La referencia a Leibniz, con que cierra el texto, constituye un argumento de autoridad y que es aceptado mayoritariamente por la gente, ya que nuestro conocimiento actual del universo no nos permite comprobar que existan seres con mayor calidad de vida, tal y como nosotros la entendemos.
- El **título** hace referencia al tema y a la tesis que defiende, cuyo significado explica y argumenta a lo largo del texto.

78
- El **tema**: El mal trato a los animales.
- La **tesis**: La extensión del dolor en el mundo ha de incluir a las personas y a los animales.

8. LA ARGUMENTACIÓN EN LOS MEDIOS DE COMUNICACIÓN

79
- Los **argumentos** expuestos en el artículo emplean un lenguaje figurado:

  — El agua limpia de los manantiales de montaña se identifica con la sana alegría de niños y jóvenes al salir de colegios e institutos.

  — A media tarde se multiplican esas fuentes: la salida de los centros de estudio.

  — La carne nueva —párvulos, niños y adolescentes— poco a poco se va contaminando. Empiezan a fumar y a descubrir el sexo.

  — Al igual que los pesticidas y vertidos contaminan los manantiales, la sociedad hace que ya los más pequeños adquieran hábitos poco recomendables.

- La **conclusión**: Hoy lo más sucio de la sociedad va calando en el alma de niños y jóvenes.

80 • Los **argumentos** que emplea son:

— El amarillismo informativo no es una degradación de sociedades poco instruidas o desvertebradas, sino que alcanza a las sociedades cultas y democráticas.
— El sensacionalismo no se alimenta sólo de sexo y violencia, sino que alcanza al poder político y económico.
— Vargas Llosa dice que causa de ello es la banalización de la cultura.

- La **conclusión**: El periodismo, y así se enseña en las escuelas, tiene que tener una ética, de ahí que los periódicos deben ser instrumentos de convivencia y, en consecuencia, hay que rechazar todo el periodismo amarillista.

81 • En la **presentación** (párrafos [1] y [2]) se exponen unos hechos para fijar el tema: un modelo de argumento de una mala película de acción y el recuerdo del buen cine de otros tiempos.
- En el párrafo [3] se enuncia la **tesis**: Los héroes del cine actual son los *efectos especiales*.
- **Argumentos**: En el cine de antes se inventaban argumentos creíbles en los que los héroes daban sentido a la historia. Ahora parece que el argumento es el tiempo que pasa entre dos escenas espectaculares. [4]

  No es cierto que los efectos especiales sean lo que pide el público, sino que a los directivos de antes lo que les gustaba era el cine, cosa que ahora no ocurre. [5]
- La **conclusión**: Hoy se están desechando los buenos argumentos, y sería preferible que los espectadores rechazaran tales películas y a este tipo de directivos.

83 La tesis que defiende es: «En el tema del amor, una cosa es lo que se piensa o dice, y otra, lo que se hace».
Por eso, la señora, cuando ve el «amor» entre su marido y la empleada, se enfada muchísimo y la echa de casa.

9. EL ENSAYO

85 • La **situación comunicativa**: La escritora Susanna Tamaro reflexiona sobre un tema de actualidad —la influencia de la televisión en los niños— con el fin de convencer a los lectores sobre el perjuicio que puede ocasionar. Para ello, emplea el ensayo, escrito breve de carácter expositivo-argumentativo.
- El **objeto de la argumentación:** La bondad o maldad del uso de la televisión por los niños. La opinión generalizada es que la televisión es un medio al que deben acceder los niños en la actualidad.
- La **tesis** que defiende: Los niños no deben ver televisión porque mata la curiosidad y su interés por el mundo real.
- **Argumentos**, y clases:

— La televisión implica modernidad y oponerse a ella suscita críticas, pero es mayor el peligro al que se somete a los niños al permitirse su uso. [3] (Arg. de experiencia personal.)
— La infancia es frágil y debe ser tutelada: verlo todo, saberlo todo sobre el sexo, la violencia o la vulgaridad en la infancia es convertirlos en adultos míseros. [4] (Arg. de experiencia personal.)
— La televisión ofrece un mundo sin imaginación ni alegría, un mundo que los dirige a ser compradores-imitadores donde el placer y el derecho personal son la única ley imperante. [5] (Arg. de experiencia personal.)
— La mayor parte de los programas son feos y estúpidos. [6] (Arg. de experiencia personal.)
— Hay serios estudios de que la televisión hace daño. [7] (Arg. de autoridad.)
— La televisión no es neutra y es una falacia que una persona culta, como es un periodista, afirme que para su hijo es un medio de enriquecimiento cultural. (Generalización apresurada) [7] y [8].

- En el párrafo [10] se expone la **conclusión**: La televisión educa para la pasividad y ello da lugar al tedio. No podemos ofrecer a las nuevas generaciones esta perspectiva.

10. EL DIÁLOGO ARGUMENTATIVO: DIALÉCTICA Y DEBATE

87 • **Tesis**: Unas veces alaba la valentía y otras, la cobardía.
- **Argumentos:** En la argumentación, el filósofo se basa en la experiencia de la vida: el ejemplo del perro rabioso.
- En la **conclusión** hace ver a Calias que si, en el ejemplo propuesto, la valentía no es un bien, lo ha de ser su contrario: la cobardía. De esta forma, se llega a la afirmación de que se puede elogiar unas veces la valentía y otras, la cobardía.
- El **principio**, asumido por todos, es que el hombre debe evitar siempre poner su vida en peligro.

88 La **conclusión** podría formularse así: Es tan evidente que las personas deben vivir de modo coherente, que hace innecesario incluso el decirlo o pensarlo.

89 • Debería prohibirse sacrificar...: El hombre se alimenta y debe alimentarse de otros animales; no obstante, siempre debe evitarse que sufran de manera innecesaria.
- Nunca debería pegarse a un niño...: Ciertamente la violencia debe evitarse, pero cuando se da un cachete a un niño, con cariño, para educarlo, no constituye un acto violento.
- A un niño hay que darle un cachete...: Queda contestado en la afirmación anterior.
- Yo no compro discos...: Constituye una falacia (generalización apresurada) afirmar que todas las tiendas tienen precios abusivos. Por otro lado, el acto de robar siempre es rechazable.
- El sacrificio de los toros es necesario...: La polémica sobre la fiesta nacional tiene hoy menos virulencia que en otras épocas y ello se debe a que el argumento expuesto tiene mucho peso. No obstante, podría haber fiesta nacional sin castigar y sacrificar a los toros del modo que se hace en la actualidad.

Apéndice de normas de ortografía

1 ACENTUACIÓN

Regla general: acentuación de palabras agudas, llanas, esdrújulas y sobresdrújulas

- Son palabras agudas las que llevan el acento en la última sílaba: *cara**col**, me**lón***. Llevan tilde cuando acaban en vocal o en consonante **n** o **s**: *ru**bí**, ci**prés**, Ra**món***.
- Las palabras llanas llevan el acento en la penúltima sílaba: ***cés**ped, **hier**ba*. Llevan tilde si acaban en consonante que no sea **n** o **s**: ***ú**til, **cé**nit, **Ló**pez*.
- Las palabras esdrújulas llevan el acento en la antepenúltima sílaba (***lám**para, **cán**taro*) y las sobresdrújulas, en la anterior a la antepenúltima (*en**sé**ñamelo, **có**geselo*). Se escriben siempre con tilde.

Acentuación de diptongos, triptongos e hiatos

- El **diptongo** es el conjunto de dos vocales en la misma sílaba. Una de esas vocales, o las dos, ha de ser cerrada (**i, u**), y la otra abierta (**a, e, o**): *v**iu**-da, **ai**-re, p**ei**-ne, c**ua**-dro, p**au**-sa*.
- El **triptongo** es el conjunto de tres vocales en una misma sílaba. Una de las vocales es abierta y va colocada entre dos cerradas: *cam-b**iái**s, ac-t**uéi**s, m**iau***.

  Los diptongos y triptongos llevan tilde cuando siguen la regla general. Se coloca sobre la vocal abierta (**a, e, o**): *ciemp**ié**s, **péi**nate, averi**güéi**s*.
- El **hiato** es la unión de dos vocales contiguas en una misma palabra, que se pronuncian separadas porque pertenecen a sílabas distintas: *lín**ea**, sand**í-a**, Ra**-úl**, b**o-a***.

  Para acentuar las vocales en hiato se siguen estas reglas:

  - Si están formados por vocales abiertas, siguen la regla general: ***geó**grafo, ca**noa**, **aho**ra, ro**deo***.
  - Pero si la vocal en hiato es **i** o **u**, acentuadas, esa vocal lleva tilde aunque no siga la regla general: *ba**úl**, re**ír**, re**ú**no, **dí**a*.

Acentuación de palabras compuestas

Palabras compuestas son las formadas por dos o más vocablos unidos directamente o mediante un guión. En relación al acento podemos ver cuatro casos:

- El primer vocablo pierde el acento y sólo lo conserva el último: *vai**vén*** (va + y + ven), *tio**vi**vo* (tío + vivo). En este caso siguen la regla general de las palabras agudas, llanas y esdrújulas: *correca**mi**nos, corta**cés**ped, porta**lám**paras, para**bién***.
- Ambos vocablos conservan el acento cuando van unidos con guión: *teórico-**prác**tico* (teórico + práctico). Entonces se aplica a cada componente la regla general: *tratado **ru**so-**chi**no; monumento his**tó**rico-ar**tís**tico; diccionario de ga**lle**go-cata**lán***.
- Los adverbios terminados en **-mente** se forman añadiendo a un adjetivo el sufijo **-mente.** Se escriben con tilde cuando la lleve el adjetivo correspondiente: ***bue**namente, fe**liz**mente, estu**pen**damente/cor**tés**mente, in**ú**tilmente, **rá**pidamente*.
- Las formas verbales pueden llevar uno o dos pronombres átonos (**me, te, se, nos, os, lo, la, le, los, las, les**) pospuestos y unidos a ellas: *echa* → ***é**chame, **é**chale, **é**chanos, **é**chamela* (echa + me + la).
  - Se escribe con tilde si se transforma en palabra esdrújula o sobresdrújula: ***dá**melo, com**prén**dame, **có**geselo*.

Acentuación de monosílabos

En general, las palabras de una sola sílaba no llevan tilde: *tren, dio, sol, fue, vio, pie;* ahora bien, algunos monosílabos llevan tilde diacrítica, para diferenciarse de otra palabra con la misma forma y distinto significado. En este caso lleva tilde la palabra tónica que tiene acento, pero no cuando es átona.

él: *A **él*** (pronombre), *personalmente, dale **el*** (determinante) *regalo*.

tú: *Cuéntaselo **tú*** (pronombre) *mismo a **tu*** (determinante) *padre*.

mí: *Me lo trajo para **mí*** (pronombre), *porque era **mi*** (determinante) *cumpleaños*.

sí: ***Sí*** (adverbio de afirmación), *se lo guardó para* ***sí*** (pronombre). ***Si*** (conjunción condicional) *no estás de acuerdo, pídeselo.*

dé: *Dile que te* ***dé*** (verbo *dar*) *el reloj* ***de*** (preposición) *Jorge.*

sé: ***Sé*** (verbo *ser*) *sincero conmigo;* ***sé*** (verbo *saber*) *que* ***se*** (pronombre) *lo has dicho a tu madre.*

té: *¿El* ***té*** (bebida) ***te*** (pronombre) *lo sirvo muy caliente o templado?*

más: *¿Quieres* ***más*** (cantidad) *azúcar? Prefieres sacarina,* ***mas*** (conjunción = *pero*) *no tengo.*

aún: *¿****Aún*** (=todavía) *no ha llegado Berta? Ni* ***aun*** (=ni siquiera) *para ella se molesta.*

Acentuación de palabras interrogativas y exclamativas

Llevan tilde las palabras *qué, quién-quiénes, cuál-cuáles, cómo, dónde, cuándo* y *cuánto* (*-a, -os, -as*) cuando son interrogativas o exclamativas y, por tanto, palabras tónicas.

*¿****Qué*** *quiere Ana?*	***Que*** *la acompañe a comprar el periódico.*
*¡****Qué*** *simpático eres!*	
*¿****Quién*** *está en la puerta?*	***Quien*** *menos te imaginas.*
*¡****Quién*** *va a ser, tu amigo del alma!*	
*¿****Cuál*** *es tu cazadora?*	*Aquí cada* ***cual*** *tiene la suya.*
*¿****Cómo*** *has llegado?*	***Como*** *he podido.*
*¡****Cómo*** *llevas los zapatos de barro!*	
*¿****Dónde*** *has puesto las zapatillas?*	***Donde*** *siempre, en el armario.*
*¿****Cuándo*** *puedo ir a jugar a tu casa?*	***Cuando*** *se termine la obra.*
*¿****Cuánto*** *dinero tienes?*	***Cuanto*** *necesito.*
*¡****Cuánta*** *gente curiosa hay aquí!*	

Acentuación de los demostrativos: *éste, ése, aquél*

Se pueden escribir con tilde los demostrativos *éste, ése, aquél,* y sus femeninos y plurales, cuando no acompañan a un nombre, sino que funcionan como un pronombre.

> ***Esta*** (determinante) *moto es bonita,* ***ésa*** (pronombre) *es preciosa y* ***aquélla*** (pronombre), *una maravilla.*

Las formas neutras, *esto, eso* y *aquello* no llevan tilde nunca porque siempre son pronombres: *Todo* ***esto***, ***eso*** *de ahí y* ***aquello*** *de allí os lo tenéis que llevar, que estorba.*

Acentuación de las mayúsculas

Las palabras con letra mayúscula, sea inicial o se escriba toda la palabra con mayúscula, no constituyen una excepción de las reglas de acentuación. Deben escribirse con tilde cuando les corresponda según las reglas estudiadas: *A CÓRDOBA POR BAILÉN, 405 KILÓMETROS.*

2 ORTOGRAFÍA DE LAS MAYÚSCULAS

Se escriben con mayúscula inicial:

- El inicio de un escrito y después de punto.
- Los nombres propios y apellidos de persona *(Rodrigo, Alfonso)*, de animales *(Babieca, Platero)* y de objetos famosos *(Colada, Tizona).*
- Los atributos divinos: *Altísimo, Señor, Redentor, Cordero, la Virgen María.*
- Los títulos y nombres de dignidades: *Sumo Pontífice, Presidente del Gobierno.*
- Los sobrenombres y apodos: *Cid Campeador, Jaime el Conquistador, Juan el «Manitas».*
- Los tratamientos, si van en abreviatura; en otro caso es preferible escribirlos con minúscula: *señor (Sr.), usted (Ud.), doctor (Dr.).*
- Los nombres y adjetivos que componen una institución o corporación: *Real Academia Española, Universidad de Santiago de Compostela, Asociación de Jóvenes Minusválidos, Partido Ecologista.*
- En los títulos de obras artísticas —literarias, cinematográficas, etcétera—, sólo se escribirá mayúscula la primera letra y los nombres propios que contenga: *Los santos inocentes, Los milagros de Nuestra Señora, La guerra de las galaxias.*
- Los números romanos: I (=1); V (=5); L (=50); C (=100); D (=500); M (=1000). Así, se escribirán: *1999 = MCMXCIX; 2002 = MMII.*
- Los nombres propios de accidentes geográficos *(montes Pirineos, cabo de Gata, río Ebro)* y de países y ciudades; pero con minúscula los gentilicios con que se nombra a sus gentes: *Asia* y *asiático; Galicia* y *gallego; Almería* y *almeriense.*
- Las letras dobles (**ch, ll**) se escribirán sólo con mayúscula la primera letra: *Chueca, Llovet.* La **rr** nunca puede ir al principio de la palabra.

3 ORTOGRAFÍA DE LOS SIGNOS DE PUNTUACIÓN

El punto (.)

- Se utiliza para señalar en la escritura la mayor pausa que se realiza al hablar o leer, puesto que indica el final de una oración, párrafo o texto. Esta pausa puede ser mayor o menor dependiendo del énfasis con que se habla o se lee, pero siempre es superior a la del punto y coma y a la de la coma.

- También se emplea el punto para señalar que una combinación de letras forma una abreviatura: *Ud.* (usted); *AA.* (autores; Altezas).
  No suele ponerse punto en las abreviaturas empleadas en el sistema métrico decimal: *c (centímetro); a (área); pta (pesetas)*, etcétera.

Los puntos suspensivos (...)

Son siempre tres y se emplean:

- Cuando se deja en suspenso, sin terminar, una frase: *Como dice el refrán «más vale pájaro en mano...»*
- En las enumeraciones incompletas: *Los determinantes son: artículo, demostrativo, posesivo...*
- Cuando se cita textualmente a un autor y se omite parte del texto, esta omisión se hace constar mediante puntos suspensivos entre paréntesis (...) o corchetes [...].

Los dos puntos (:)

Se emplean:

- En los saludos de las cartas y en los escritos oficiales, después de las palabras *expone, solicita, declara...*; y de las abreviaturas: *Fdo.:* (firmado), *P.D.:* (postdata)*: Muy Sr. mío: Tengo el deber...*
- Cuando se inicia una enumeración: *Los morfemas verbales son: persona, número, tiempo...*
- En las citas textuales: *Arquímedes dijo: «Dadme una palanca y moveré el mundo».*

La coma (,)

Se escribe coma:

- Tras el nombre en vocativo: *Juan, alcánzame la regla.*
- Para separar palabras o frases que forman una enumeración o serie si no van unidas por las conjunciones *y, o, ni*:

  Los determinantes adjetivos determinativos son: demostrativos, posesivos, numerales, indefinidos, interrogativos y exclamativos.

- Tras las expresiones *esto es, al parecer, por consiguiente, sin embargo* y otras parecidas: *Luis, al parecer, ha dejado el colegio.*
- Para limitar una aclaración o ampliación que se inserta en la oración: *Don Ramón, nuestro director durante treinta años, ha sido nombrado Defensor del Pueblo.*
- Cuando se invierte el orden normal de la oración y se antepone la expresión que indica una circunstancia de lugar, tiempo, modo, condición, etcétera: *Si no te hubiéramos esperado, te habrías quedado solo.*

El punto y coma (;)

Representa una pausa intermedia entre la del punto y la de la coma. Si te acostumbras a escribir con oraciones sencillas, de dos renglones como máximo, no necesitarás emplearlo. De todos modos recuerda estas reglas:

- Se escribe punto y coma para separar períodos de cierta extensión, relacionados por el sentido, cuando alguno de ellos lleva ya alguna coma:

  Ante esta situación sólo puedes hacer dos cosas: una, contarle toda la verdad a tu padre y pedirle el dinero para pagar la multa; dos, ponerte a trabajar los fines de semana, reunir el dinero y hacer frente tú solo a este problema.

- Se pondrá punto y coma ante las conjunciones y locuciones conjuntivas *pero, sin embargo, no obstante,* etcétera cuando lo que antecede es de cierta extensión:

  Os dejé con la mesa puesta, siento sinceramente la faena que os hice, y sabéis la ilusión que me hacía cenar con vosotros; pero me dejó el coche tirado y tuve que llamar a la grúa.

La raya (—)

Se emplea la raya:

- Al iniciarse en un diálogo los parlamentos de los personajes. Cuando el narrador interviene concretando algo, este texto va entre rayas.

  —¿Como estás? —preguntó nervioso.
  —Bien —respondió tranquilo— ¿por qué voy a estar mal?

- En las aclaraciones que se hacen en el diálogo entrecomillado, en las citas textuales y en los pensamientos.

  Juan pensaba para sus adentros: «Yo no tengo nada que ocultar, —y repetía— nada, nada».

Las comillas (« », ‘ ’)

Se emplean las comillas compuestas:

- Cuando se cita literalmente a otro autor, y al referirse a los apartados y capítulos de un libro, y a los artículos de prensa: *En el capítulo «Las setas» encontrarás un buen modo de reconocer aquellas que son comestibles.*

- Si empleamos una palabra en sentido impropio, irónico, etcétera: *«Pofesor», me han llamado «chivato».*
- Cuando empleamos palabras extranjeras no adaptadas al castellano: *Juan María se cree un «yuppie».*
- Se emplean las comillas simples cuando una palabra está usada como definición de otra: *Física significaba en griego 'naturaleza'.*

La interrogación (¿?) y la exclamación (¡!)

Se emplean:

- Los signos de interrogación, al principio y al final de una frase interrogativa.
- Los signos de exclamación, al principio y al final de una frase que expresa una emoción cualquiera.

—¿Cómo has hecho la pajarita de papel? —¡Qué tontería! Observa qué fácil es.

Después de los signos de interrogación y de exclamación nunca se pone punto.

El guión (-) y las reglas de división silábica

- Al final del renglón deben separarse las palabras con sílabas completas. Por ello los diptongos y triptongos no pueden dividirse, y las vocales en hiato tampoco se suelen separar, aunque pertenecen a sílabas diferentes. Observa cómo pueden dividirse estas palabras: *in-tran-si-gen-te; también; ac-tuáis; cao-ba.*
- Ninguna sílaba que conste de una sola letra puede quedar al final o principio de línea: *i-ris, a-mapola, cano-a* son incorrectas; son correctas: *iris, ama-po-la, ca-noa.*
- En las palabras que llevan *h* medial, ésta no puede quedar nunca al final de la línea: *Orih-uela* es incorrecto; debe escribirse: *Ori-huela.*
- Las letras dobles *ch, ll* y *rr* no se pueden separar nunca; pero sí la *cc* puesto que cada *c* pertenece a una sílaba diferente. Son incorrectas: *chanc-hullo, anil-lo, hór-reo, dire-cción;* deben separarse: *Chanchu-llo, ani-llo, hó-rreo, direc-ción.*

Otros títulos de Guillermo Hernández publicados por SGEL

RECURSOS DIDÁCTICOS PARA EL ÁREA DE LENGUA CASTELLANA Y LITERATURA EN LA ENSEÑANZA SECUNDARIA OBLIGATORIA Y EL BACHILLERATO

- ORTOGRAFÍA FÁCIL
  Desde Primaria hasta Segundo curso de la E.S.O.
  Incluye actividades de autoaprendizaje.

- ORTOGRAFÍA BÁSICA
  Educación Secundaria obligatoria.
  Incluye actividades de autoaprendizaje.

- ORTOGRAFÍA. Norma y estilo
  Bachillerato.
  Incluye actividades de autoaprendizaje.

- ANÁLISIS GRAMATICAL. Teoría y Práctica
  Segundo ciclo de la E.S.O. y Bachillerato.
  Incluye actividades de autoaprendizaje.

CUADERNOS DE REDACCIÓN

- APRENDO A ESCRIBIR 1. Describir y narrar
  Desde Primaria hasta Tercero de la E.S.O.

- APRENDO A ESCRIBIR 2. Narrar y describir
  Desde Primaria hasta Cuarto de la E.S.O.

- APRENDO A ESCRIBIR 3. Exponer y argumentar
  Desde Tercero de la E.S.O. a Bachillerato.